科学化图书馆管理与
阅读推广研究

李 群／著

辽宁人民出版社

图书在版编目（CIP）数据

科学化图书馆管理与阅读推广研究 / 李群著 . -- 沈阳：辽宁人民出版社，2024．12. -- ISBN 978-7-205-11282-0

Ⅰ . G251；G252.17

中国国家版本馆 CIP 数据核字第 2024MS0833 号

出版发行：辽宁人民出版社
　　　　　地址：沈阳市和平区十一纬路 25 号　邮编：110003
　　　　　电话：024-23284191（发行部）　024-23284304（办公室）
　　　　　http：//www.lnpph.com.cn
印　　刷：天津光之彩印刷有限公司
幅面尺寸：170mm×240mm
印　　张：10.5
字　　数：120 千字
出版时间：2024 年 12 月第 1 版
印刷时间：2024 年 12 月第 1 次印刷
责任编辑：刘芮先
装帧设计：一诺设计
责任校对：吴艳杰
书　　号：ISBN 978-7-205-11282-0
定　　价：56.00 元

前　言

随着社会的发展和科技的进步，图书馆作为人类知识的重要载体，正面临着前所未有的机遇和挑战。在这个信息爆炸的时代，如何有效地管理图书馆资源，提高图书馆服务的质量和效率，以及如何通过阅读推广活动激发读者的阅读兴趣，培养阅读习惯，成为图书馆工作的重要组成部分。

科学化图书馆管理是提高图书馆服务水平和质量的基础。图书馆管理涉及图书馆的资源建设、读者服务、信息化建设等方面。科学化图书馆管理要求图书馆运用科学的管理理念和方法，优化图书馆资源配置，提高图书馆服务效率。在这个过程中，图书馆需要不断改进和完善管理制度，提高图书馆工作人员的专业素质和服务水平，以满足读者日益增长的信息需求。

阅读推广是图书馆服务的重要组成部分，也是图书馆发挥社会教育功能的重要途径。阅读推广活动的目的是通过各种形式的阅读活动，激发读者的阅读兴趣，培养阅读习惯，提高阅读能力。在这个过程中，图书馆需要充分发挥自身优势，创新阅读推广活动形式，通过各类阅读活动，吸引读者走进图书馆，享受阅读的乐趣。

科学化图书馆管理与阅读推广研究旨在探讨如何运用科学的管理理念和方法，提高图书馆服务的质量和效率，以及如何通过阅读推广活动激发读者的阅读兴趣，培养阅读习惯。本书将深入分析图书馆管理的关键环节，探讨图书馆如何优化资源配置，提高服务效率；同时，本书还将研究阅读推广的有效策略，探讨图书馆如何通过举办各类阅读活动，激发读者的兴趣，培养阅读习惯。

科学化图书馆管理与阅读推广研究对于推动图书馆事业的发展，提高图书馆服务的质量和效率，以及促进社会阅读文化的建设具有重要意义。希望本书的研究能够为图书馆工作者提供有益的参考，为推动图书馆事业的发展贡献力量。

目　录

第一章　科学化图书馆管理的理论基础

一、图书馆管理的概念与目标

图书馆管理，顾名思义是指对图书馆资源的有效组织和利用的一系列管理活动。这一定义揭示了图书馆管理的核心目标，即通过对图书馆资源的有序组织和科学利用，使之更好地服务于读者，发挥其在知识传播、文化传播、智力开发等方面的重要作用。图书馆管理涉及各种资源的获取、整理、分类、存储、借阅等方面的工作，这些工作相互关联、相互影响，共同构成了图书馆管理的基本内容。图书馆管理的资源主要包括图书、期刊、报纸、电子资源等，这些资源的获取是图书馆管理的基础。图书馆工作人员需要通过采购、交换、捐赠等途径，不断丰富图书馆的馆藏资源，以满足读者的阅读需求。在资源获取之后，整理工作便紧接着展开，包括对图书的编目、对期刊的装订、对电子资源的分类等，这些工作有助于提高图书馆资源的利用效率。分类是对图书馆资源进行系统化处理的重要环节。通过对图书、期刊等资源进行分类，可以使读者更加方便地找到自己需要的资料。此外，分类工作还有助于图书馆工作人员了解馆藏结构，为资源采购和馆藏建设提供依据。存储工作是对图书馆资源进行有效保护的关键。图书馆需要为各类资源提供适宜的存储环境，如恒温、恒湿、防盗、防火等，以延长其使用寿命。同时，图书馆还应建立健全的资源保管制度，确保资源的安全。此外，借阅服务是图书馆管理的重要组成部分。图书馆应设立完善的借阅制度，为读者提供便捷的借阅服务。在此基础上，图书馆还应关注读者的阅读需求，积极开展读者活动，如讲座、培训、读书会等，以提高读者的阅读兴趣和阅读能力。

图书馆管理的范围非常广泛，涵盖了图书馆的组织架构、人员管理、财务预算、图书采购、馆藏建设、读者服务、信息技术应用等方面。这些方面相互联系、相互影响，共同构成了图书馆管理的整体。组织架构是图书馆管理的基础。图书馆的组织架构包括图书馆的领导层、管理部门、业务部门等，它们共同负责图书馆的各项工作。图书馆的组织架构应具有一定的灵活性，以适应图书馆发展的需要。人员管理是图书馆管理的关键。图书馆需要合理配置人力资源，确保各项工作的高效开展。在人员管理方面，图书馆应持续完善员工的培训、考核、激励等方面的策略，以提高员工的工作积极性和服务水平。财务预算是图书馆管理的重要保障。图书馆需要根据自身的发展战略和馆藏需求，合理规划财务预算，确保图书馆的正常运行。在财务预算方面，图书馆应关注资金的合理分配，确保各项工作的顺利进行。图书采购是图书馆管理的重要环节。图书馆应根据馆藏需求和读者需求，制定合理的图书采购计划，确保图书馆馆藏的丰富性和实用性。在图书采购方面，图书馆应关注图书的质量和价格，以提高采购效益。馆藏建设是图书馆管理的核心内容。图书馆应根据自身的定位和发展战略，积极开展馆藏建设，形成具有特色的馆藏体系。在馆藏建设方面，图书馆应关注馆藏的完整性、系统性和多样性，以满足读者的多样化需求。读者服务是图书馆管理的最终目标。图书馆应关注读者的需求，积极开展各项读者服务活动，如借阅服务、信息查询服务、读者活动等，以提高读者的满意度和忠诚度。信息技术应用是图书馆管理的有效手段。图书馆应充分利用现代信息技术，提高图书馆的服务质量和效率。在信息技术应用方面，图书馆应关注新技术的研究和应用，如数字化图书馆、云计算、大数据等，以推动图书馆的创新发展。

图书馆管理作为一项重要的学术服务工作，其主要的目的是提供高质量的图书馆服务，以满足读者的知识需求和信息获取的需求。这不仅包括为广大的读者提供丰富的图书资源，也包括提供便捷的借阅、查询和咨询服务，使读者能够方便快捷地获取所需的信息。为了实现这个目标，图书馆管理需要协调和组织馆内的各种资源，确保图书馆的正常运作，并为读者提供良好的学习和研究环境。图书馆管理需要确保图书馆内各类资源的有效利用。这包括图书、期刊、数据库等各类文献资源的合理分配和组织，同时也包括图书馆内设施、设备等硬件资源的有效利用。通过合理的资源分配和组织，可以最大限度地发挥图书馆的资源优势，使各类资源在读者中得到充分的利用。同时，这也能够提高图书馆的运营效率，降低运营成本。图书馆管理还涉及提高服务效率和质量的问题。这包括对图书馆各项服务流程的优化和管理，如图书借阅、归还、查询、预约等流程，以及提供便捷的自助服务设施，如自助借还书机、电子借阅平台等，以方便读者使用。此外，图书馆管理还需要提高图书馆工作人员的服务水平，通过培训和教育，提高他们的工作效率和服务质量，使读者在图书馆能够获得更好的服务体验。当然，图书馆管理还具有更深层次的意义，它涉及保证图书馆资源的有效利用和图书馆长期发展的战略问题。图书馆管理不仅仅要确保图书馆的日常运作，更是要为图书馆的未来发展做好规划和布局。通过合理的资源分配和组织，可以确保图书馆在未来的发展中能够保持其学术优势和服务质量。同时，图书馆管理也涉及与读者的交流和互动，要跟进了解和满足读者的需求，收集读者的反馈和建议，以便更好地改进服务，提高读者的满意度。此外，图书馆管理还涉及与其他学术机构的合作和协调等方面的工作。随着信息时代的到来，图书馆不再是一个孤立的机构，而是学术界的重要组成部分。图书馆需要与学校、研究机构、出版商等各方建立良好的合作关系，共同推动学术界的发展。通过有效的沟通和协作，可以共同开发新的服务模式和资源共享模式，进而提高整个学术界的学术水平和影响力。

在现代社会中，图书馆作为知识的重要载体和文化传播的重要场所，其地位和作用日益凸显。然而，要实现图书馆的持续发展和创新，离不开有效的管理。图书馆管理是图书馆发展的基础和关键环节，只有通过科学、合理的管理，才能使图书馆适应社会需求和读者需求的变化，实现图书馆的持续发展和创新。图书馆管理通过合理的资源配置和规划，使图书馆能够在有限的资源下提供更多的服务和机会。图书馆的资源包括人力资源、物质资源、信息资源等，这些资源的合理配置和有效利用，是图书馆提供高质量服务的前提和保障。通过科学的管理，图书馆可以优化资源配置，提高资源利用率，从而在有限的资源下提供更多的服务和机会，满足读者的需求。图书馆管理可以推动图书馆的影响力和地位的提升。图书馆作为社会文化的重要组成部分，其影响力的大小和地位的高低直接关系到图书馆的发展和进步。通过有效的管理，图书馆可以提升自身的服务质量和服务水平，增强读者的满意度和忠诚度，从而提升图书馆在社会中的影响力和地位。同时，图书馆还可以通过与其他机构的合作和交流，扩大自身的影响力和地位，为图书馆的发展创造更好的外部环境。图书馆管理还需要站在图书馆未来发展的高度进行统筹谋划。图书馆发展需要管理者的指导和规划，而图书馆管理则需要发展的支持和动力。管理者需要根据图书馆的发展目标和方向，制定相应的发展规划和策略，引领图书馆的发展。同时，管理者还需要根据图书馆的发展需求，调整和优化管理策略和手段，为图书馆的发展提供支持和动力。然而，图书馆管理并不是孤立的，它既需要关注图书馆的内部运作和管理，又要与外部环境和需求相适应，不断进行调整和改进，以适应不断变化的社会和读者需求的发展。在内部管理方面，图书馆需要关注人力资源管理、物资管理、财务管理、服务质量管理等各个方面，通过优化管理流程和管理手段，提高管理效率和管理质量。在外部适应方面，图书馆需要关注社会环境的变化、读者需求的变化、竞争对手的变化等，通过调整服务内容和方式，提升服务质量和服务水平，满足读者的需求。在图书馆的管理与发展过程中，管理者需要具备战略眼光和创新思维。战略眼光可以帮助管理者把握图书馆的发展方向和趋势，制定长远的发展规划和战略，为图书馆的发展提供清晰的指引。创新思维可以帮助管理者突破传统的管理模式和思维定式，寻找新的管理方法和手段，推动图书馆的创新发展。同时，管理者还需要具备良好的协调和沟通能力，协调图书馆内部的各种资源和力量，调动员工的积极性和创造力，为图书馆的发展提供强力的支持。

二、科学化图书馆管理的意义与价值

科学化图书馆管理是指运用科学的管理理念和方法，对图书馆的各项工作进行规划、组织、领导、控制和评估，以实现图书馆的良好运转和发展。科学化图书馆管理的意义和价值主要体现在以下几个方面。

（一）科学化图书馆管理对图书馆发展的促进作用

在当今信息爆炸的时代，图书馆作为知识的宝库，其发展面临着前所未有的挑战和机遇。科学化图书馆管理作为一种先进的管理理念和方法，能够有效地推动图书馆的发展，使其更好地适应信息社会的快速变化和发展。首先，科学化图书馆管理通过科学的规划和组织，能够合理配置人员和资源，确保图书馆的运营效益最大化。在传统的图书馆管理模式中，资源的分配往往缺乏科学依据，导致资源的浪费和利用效率低下。而科学化图书馆管理通过运用现代管理理论和方法，能够对图书馆的资源进行科学的评估和规划，合理分配人员和资源，提高图书馆的运营效率。科学化图书馆管理还能够发挥质量管理的作用，提高图书馆的服务质量，增加用户的满意度。质量管理是图书馆管理的重要组成部分，通过科学化的质量管理，图书馆能够建立完善的质量管理体系，对服务质量进行全面监控和评估。这不仅可以提高图书馆的服务水平，还可以增强用户的忠诚度和满意度，为图书馆树立良好的形象和口碑。此外，科学化图书馆管理还能够促进图书馆的创新发展。在信息时代，创新是推动图书馆发展的关键因素之一。科学化图书馆管理能够为图书馆提供更多的创新机会和空间，如通过引进先进的技术和管理方法，推动图书馆数字化、智能化发展。同时，科学化图书馆管理还能够激发图书馆工作人员的创造力和积极性，为图书馆的创新发展提供有力的人才保障。最后，科学化图书馆管理还能够提升图书馆的竞争力，适应信息社会的发展。在信息社会，信息的获取和利用能力成为衡量一个组织竞争力的重要指标。科学化图书馆管理能够通过优化资源配置、提高服务质量、推动数字化智能化发展等方式，不断提升图书馆的竞争力，使其在信息社会中立于不败之地。在实际应用中，科学化图书馆管理还需要结合图书馆的实际情况，制定具体的管理措施和方案。例如，可以通过引进先进的信息技术和管理软件，实现图书馆的数字化、智能化管理；建立完善的质量管理体系，对服务质量进行全面监控和评估；加强人才队伍建设，培养具备创新能力和专业知识的图书馆工作人员；等等。这些措施的实施，将有助于实现科学化图书馆管理的目标，推动图书馆可持续发展。

（二）科学化图书馆管理对用户需求的满足作用

科学化图书馆管理不仅仅是一种技术手段的革新，更是一种服务理念的更新，力求通过对用户需求的深入挖掘与精准满足，实现图书馆服务质的飞跃。科学化图书馆管理通过先进的信息技术手段，对用户的行为数据进行深度挖掘与分析。这些数据包括但不限于用户的借阅记录、检索历史、阅读时长、图书评论等信息。通过对这些数据的挖掘，图书馆管理者能够洞察用户的真实需求，发现用户潜在的信息需求，从而针对性地调整图书采购策略，优化馆藏结构。例如，通过数据挖掘发现某一领域的书籍借阅率异常高，管理者即可加大该领域图书的采购力度，以满足用户的实际需求。科学化图书馆管理注重用户参与和用户体验。在图书采购和馆藏建设的决策过程中，管理者通过问卷调查、在线反馈、用户座谈会等形式，积极收集用户意见，使图书馆的服务更加贴近用户实际需求。同时，图书馆可以通过用户体验设计为用户提供更为便捷的检索系统、舒适的阅读环境、多样化的阅读形式和个性化服务，使用户在利用图书馆资源的过程中，享受到更加人性化、高效便捷的服务。科学化图书馆管理通过构建以用户为中心的服务模式，提升服务质量。在这一模式下，图书馆的服务不仅仅是提供图书资源，还包括了信息素养教育、专业咨询、读者培训等多方面的服务内容。例如，图书馆可以定期举办各类培训班，提高用户的信息检索能力和学术研究能力，也可以针对不同群体，如学生、教师、研究人员等，提供专门的服务方案。通过这些多元化的服务，图书馆能够更好地满足用户的多样化需求。此外，科学化图书馆管理通过建立健全的反馈机制，推动各项服务持续改进，形成服务闭环。图书馆通过定期的用户满意度调查，了解用户对服务的评价，及时发现服务过程中的不足，并进行针对性的改进。同时，图书馆还可通过建立快速响应机制，对用户的建议和投诉给予及时的反馈和处理，确保用户的问题能够得到有效解决。科学化图书馆管理还体现在对图书馆资源的合理配置和高效利用上。图书馆管理者通过科学的方法，如成本分析、资源优化配置模型等，确保图书馆的资金、空间、人力等资源得到最大程度的利用。例如，通过合理规划图书馆的空间布局，在保证阅读环境的舒适性的基础上提高空间的利用效率；通过实施高效的图书分类编目和检索系统，大幅缩短用户查找资料的时间，提升服务效率。

（三）科学化图书馆管理对社会服务的贡献作用

科学化图书馆管理通过对馆藏资源的精细化管理和深入挖掘，为社会各界提供丰富多样、特色鲜明的文化资源，满足了人民日益增长的精神文化需求，为传承和创新我国优秀文化发挥了积极作用。科学化图书馆管理通过系统的馆藏规划，优化了图书资源的配置，为社会提供了更为丰富和全面的文化资源。馆藏规划是对图书馆藏书的种类、数量、结构、更新等进行全面规划和设计，以满足读者需求、实现图书馆服务目标。科学化图书馆管理注重对读者需求的调研和分析，根据读者的实际需求和图书馆的服务目标，进行有针对性的藏书建设，在保证了图书馆藏书的丰富性和多样性的同时，进一步优化了藏书结构，更好地满足了社会文化需求。科学化图书馆管理通过精细化的服务策划，为社会提供了更加人性化和专业化的服务。服务策划是对图书馆服务的目标、内容、形式、时间等进行全面策划和设计，以提高服务质量和效果。科学化图书馆管理注重读者体验，以读者为中心，不断改进服务方式和服务内容，提供更加人性化和专业化的服务。例如，图书馆可以针对不同的读者群体，策划各类特色服务活动，如儿童阅读推广、成人教育、老年人数字素养提升等，以满足不同读者的需求。此外，科学化图书馆管理也可以通过开展各类文化活动、学术交流和知识技能培训，提升社会公众的文化素养和科学素质。图书馆不仅是图书的存放地，更是文化交流的重要平台。科学化图书馆管理注重发挥图书馆的文化功能，通过各类文化活动，如讲座、展览、读书会等，促进文化的传播和交流，提升公众的文化素养。同时，图书馆还积极开展学术交流和知识技能培训，为社会各界提供学习和提升的机会，使公众的科学素质得到进一步提高。科学化图书馆管理对社会服务的贡献作用还体现在其对教育科研的支持上。科学化图书馆管理通过对馆藏资源的深入挖掘和利用，为教育科研提供了丰富的资料和信息支持。例如，图书馆可以通过建立专业数据库、开展文献检索服务等方式，为教育科研提供便捷的信息获取途径。此外，图书馆还可以通过与学校、研究机构等合作，开展各类教育和科研活动，促进知识的传播和利用。科学化图书馆管理对社会发展还具有推动作用。科学化图书馆管理通过对馆藏资源的科学管理和利用，为社会提供了丰富多样的文化资源，满足了人民群众的精神文化需求，为社会的全面发展提供了重要的支持。

三、图书馆管理的基本原则

（一）公平公正原则

在现代社会中，公平公正是一种基本的价值观念，也是社会和谐稳定的重要基石，而公平公正原则在图书馆管理中的应用，更是体现了这一价值观念的具体实践。公平公正原则不仅是图书馆管理中最重要的原则之一，更是图书馆服务工作的灵魂和核心。图书馆作为一个服务于广大人民群众的信息中心，其主要任务是为用户提供准确、全面、及时的信息服务。在这个过程中，公平公正原则要求图书馆对所有用户一视同仁，不论其身份、地位、年龄、性别等因素。这就是说，图书馆应该为所有用户提供平等的借阅权利和服务，不能因为用户的不同因素而有所偏向。无论是教师还是学生，无论是高层管理者还是一般员工，无论是年长者还是年幼者，无论是男性还是女性，都应该得到平等的服务。公平公正原则在图书馆的管理和服务中体现在多个方面。在图书的借阅上，每个用户都应该有同等的机会借阅到所需的图书。图书馆不能因为某些用户的社会地位高或者对图书馆有特殊的贡献，就优先满足他们的借阅需求，而忽视了其他用户的权益。在图书馆的资源分配上，也应该公平合理。图书馆的资源包括书籍、期刊、电子资源等，这些资源应该根据用户的需求和图书馆的实际情况进行合理分配，确保每个用户都能获得所需的信息资源。在图书馆的服务上，也应该做到公平公正。图书馆的工作人员应该以热情、耐心、专业的态度为所有用户提供服务，不能因为用户的身份或者地位的高低而有所区别对待。公平公正原则不仅是对图书馆用户服务的要求，也是对图书馆工作人员的要求。图书馆的工作人员应该以身作则，做到公平公正，为读者树立良好的榜样。他们应该以公正的态度处理用户的问题，不能因为用户的社会地位或者与自己的私人关系而偏袒或者歧视某些用户。只有这样，才能真正做到公平公正，才能让图书馆的服务得到用户的认可和尊重。然而，公平公正并不是一件容易的事情，这需要图书馆的管理者和服务人员有高度的职业操守和道德修养。他们需要时刻警醒，以公正的态度对待每一位用户，以专业的素养提供每一项服务。只有这样，才能保证图书馆的服务工作的公平公正，才能让图书馆成为一个真正公平公正的信息中心。

（二）科学决策原则

科学决策原则是现代图书馆管理的核心内容之一，它强调在图书馆管理的全过程中，必须以实际情况和用户需求为出发点，运用科学的方法和手段进行决策。在资源采购、服务方式、管理流程等图书馆的各项管理活动中，科学决策原则都发挥着至关重要的作用。科学决策原则要求图书馆管理层具备前瞻性，能够预测未来一段时间内图书馆的发展趋势和用户需求，从而作出相应的决策。这种前瞻性要求图书馆管理层不仅要有深入的行业发展洞察力，还要有对用户需求的敏锐捕捉能力。在实际操作中，科学决策原则体现在图书馆管理的各个方面。例如，在资源采购方面，图书馆应该根据用户的阅读需求和图书馆的实际情况，选择合适的书籍和期刊进行采购，既满足用户的需求，又不超过图书馆的预算。这需要图书馆管理层对用户的阅读需求有深入的了解，还需要他们对出版市场有广泛的了解，以便能够采购到既有价值又符合用户需求的资源。图书馆在采购资源时，还应该考虑到资源的种类和质量以及与其他图书馆的合作关系，以确保资源的共享和充分利用。在服务方式上，图书馆应该根据用户的需求和图书馆的实际情况，选择合适的服务方式。例如，对于需要远程服务的用户，图书馆可以提供电子图书和在线咨询服务；对于需要现场服务的用户，图书馆可以提供阅览室和借阅服务。此外，图书馆还可以根据用户的需求，提供个性化的服务，如专门的图书推荐、信息检索等。在管理流程上，图书馆应该根据用户的需求和图书馆的实际情况，优化管理流程，提高管理效率。图书馆可以通过信息化手段，如自助借还机和在线预约系统，简化用户的借还书流程，提高用户的使用体验。同时，图书馆还可以通过科学的排架方式和检索系统，方便用户快速找到所需的图书和信息。科学决策原则还要求图书馆管理层具备创新意识，在工作中不断探索新的管理方法和手段，以适应图书馆的发展和用户的需求。例如，图书馆可以利用现代信息技术，开发新的服务项目，如虚拟现实阅览室、在线知识讲座等，以吸引更多的用户使用图书馆的服务。同时，图书馆还可以通过与其他机构的合作，如学校、企业等，拓展图书馆的服务范围和内容。

（三）高效利用资源原则

高效利用资源原则的核心在于充分利用图书馆的各种资源，以提高图书馆的服务质量和效率。图书馆的资源包括人力资源、物质资源、信息资源等多个方面，只有充分发挥和利用这些资源，才能提供更优质、更高效的服务。人力资源是图书馆的重要资源之一。图书馆在管理过程中，应当合理安排人员岗位，充分调动和发挥每个员工的积极性和潜力。要经常性地对员工进行专业培训和技能提升，提高图书馆工作人员的专业素质和服务水平，从而提高工作效率。此外，建立健全的激励机制，对于激发员工的工作热情和创造力，提高服务质量和效率具有重要意义。物质资源是图书馆提供服务的基础。图书馆应当合理安排书籍、期刊、电子设备等物质资源，确保这些资源能够被充分使用。对于书籍和期刊，图书馆需要进行合理的采购、分类、保管和借阅管理，以满足用户的阅读需求。同时，图书馆还应当注重数字设备和电子资源的采购和维护，为广大用户提供舒适的阅读环境和便利的电子设备使用条件。信息资源是图书馆的核心资源。图书馆应当充分利用数字资源、网络资源等信息资源，为用户提供更全面、更及时的服务。通过建立健全的信息检索系统，提高信息资源的检索效率，使用户能够快速准确地获取所需信息。同时，图书馆还应当加强与其他图书馆和信息机构的合作与交流，共享资源，扩大信息服务的范围和影响力。

在实施高效利用资源原则的过程中，图书馆还需要注意几个方面。一是强化资源整合。图书馆应当对内部的各种资源进行整合，实现资源的共享和互补，提高资源利用效率。例如，通过建立统一的管理系统，实现人力资源、物质资源和信息资源的共享，降低重复采购和建设的成本。二是推进资源优化配置。图书馆应当根据用户需求和资源状况，对资源进行合理配置，确保资源能够发挥最大的效益。例如，对于热门书籍和期刊，可以增加采购数量，以满足用户的阅读需求；对于数字化资源，可以加大投入，提高质量和数量，使用户能够更好地利用数字资源。三是加强资源评估与监督。图书馆应当建立完善的资源评估与监督机制，对资源的利用情况进行定期评估和监督，以发现问题并及时解决。例如，通过统计分析借阅数据，了解用户的阅读需求和喜好，从而调整采购策略和推荐服务；通过设备维护和更新，确保物质资源的正常运行和使用寿命。四是创新资源服务模式。图书馆应当根据需求和科技发展，不断创新资源服务模式，提高服务质量和效率。例如，开展个性化推荐、线上咨询服务、虚拟现实体验等新型服务，使用户能够更加便捷地获取信息和知识。

四、图书馆管理的组织结构与职责

图书馆管理是一个复杂而重要的任务，它涉及图书的采购、分类、编目、借阅、维护和更新等多个环节。为了确保图书馆的高效运行和提供优质的服务，图书馆管理需要一个合理的组织结构和明确的职责划分。

图书馆管理的组织结构和职责划分主要涉及图书馆管理层、部门主管、图书管理员和志愿者等。图书馆管理层是图书馆的最高决策机构，负责图书馆的整体战略规划和运营管理。图书馆管理层通常由图书馆馆长、副馆长和其他管理层人员组成。馆长作为图书馆的最高领导者，负责图书馆的整体工作，对外代表图书馆，对内发挥领导和管理作用。副馆长及其他管理层人员则在馆长的领导下，分别负责图书馆某一方面的具体工作，如读者服务、信息技术、人力资源等。图书馆管理层还需要定期召开会议，讨论图书馆的发展战略和重大事项，确保图书馆的各项工作有序进行。部门主管是图书馆各个部门的负责人，负责某一特定部门的工作，如采购部、编目部、借阅部等。他们需要在馆长的领导下，确保部门内的各项工作按照既定的标准执行。部门主管的职责主要包括：制定部门的工作计划和目标，组织实施，检查落实；领导、协调和监督本部门的工作，确保部门内部团结协作，高效运行；定期向馆长汇报工作情况，及时反馈信息，为馆长决策提供依据；负责部门员工的培训和考核，提高部门员工的工作能力和服务水平。图书管理员是图书馆的核心力量，他们是直接负责图书的管理和提供服务的人员。图书管理员的职责包括：熟悉图书分类、编目和借阅流程，负责图书的采购、分类、编目、上架、借阅、维护和更新等；处理读者的咨询和投诉，为读者提供优质的服务；参加业务培训，提高自身业务水平和综合素质；协助部门主管完成部门的各项工作，确保部门目标的实现。志愿者是图书馆的重要组成部分，他们在图书馆开放时间提供帮助和支持。志愿者通常来自学校、社区或其他组织，他们热爱图书馆事业，愿意为他人提供服务。志愿者的主要职责包括：协助图书管理员完成一些辅助性工作，如整理书架、回答读者咨询等；参与图书馆的各类活动，为图书馆的发展出一份力；传播图书馆文化，增强公众的阅读观念与图书馆意识。

在当今的知识经济时代，图书馆作为知识传播和交流的重要场所，其管理水平和服务质量直接影响到整个图书馆的运行效率和读者的满意度。因此，图书馆管理人员需要具备一些特定的专业素质和能力，以确保图书馆的高效运行和提供优质的服务。首先，图书馆管理人员需要具备图书管理和分类的知识和技能，这是他们最基本的职业要求。他们需要能够熟练地进行图书的编目和上架，确保图书的准确性和有序性，方便读者的查找和借阅。此外，他们还需要具备一定的文献修复技能，以应对图书在借阅过程中出现的破损和遗失。图书馆管理人员还需要具备图书馆学、信息管理等相关专业背景，了解图书馆学的基本理论和方法，这是他们能够胜任图书馆管理工作的重要保障。他们需要掌握图书馆的运营模式和管理方法，了解图书馆的资源分布和馆藏结构，能够处理图书馆运营过程中的各种问题，如图书采购、库存管理、读者服务、安全管理等。此外，他们还需要具备一定的数据分析能力，能够根据读者的借阅数据和反馈信息，对图书馆的资源布局和服务内容进行调整和优化。此外，良好的沟通能力和团队合作精神是图书馆管理人员不可或缺的素质。他们需要能够与读者、其他部门和志愿者进行有效的沟通和协作，了解读者的需求和反馈，及时解决问题和提供帮助。同时，他们还需要与图书馆的其他部门，如采编部、技术部、后勤部等进行良好的协作，共同推动图书馆的高效运行和服务质量的提升。在信息化和数字化快速发展的今天，图书馆管理人员还需要掌握一些信息技术和数字图书馆的相关知识。随着信息化和数字化的发展，图书馆已经从传统的纸质资源馆藏转变为多元化的数字资源馆藏，如电子书、数据库、网络资源等。因此，图书馆管理人员需要掌握一定的数据库管理、数字资源建设、网络安全等方面的知识，以便更好地满足读者的需求和提高图书馆的服务水平。随着大数据、人工智能等新兴技术的发展，图书馆管理人员还需要具备一定的数据分析和人工智能知识，以便更好地利用数据驱动的决策方法和人工智能技术为读者提供更加智能化的服务。

　　在图书馆中，图书馆管理人员承担着重要工作流程。他们的岗位职责涵盖着许多方面，旨在确保图书馆的正常运营和良好服务。图书馆管理人员负责图书的采购工作。他们会制订采购计划，根据图书馆的需求和读者的喜好，选择合适的图书并与供应商进行洽谈和购买。这需要他们对图书市场和读者需求有一定的了解，以确保采购的图书能够满足读者的需求。图书馆管理人员需要对采购的图书进行分类、编目和标签处理，以方便读者查找和借阅。他们需要掌握编目规范，并按照规定的流程进行编目工作。同时，对于旧书和损坏图书的处理也是他们的责任之一，他们会决定是修复还是报废这些图书。借阅工作也是图书馆管理人员的重要职责之一。他们需要协调借书过程，确保读者能够便捷地借阅到所需的图书，并按时归还。在借阅过程中，图书馆管理人员还需要负责登记读者信息，处理逾期书籍的催还和罚款，维护借阅系统的正常运行。除了图书馆内部的工作，图书馆管理人员还需要处理读者的咨询和投诉。他们需要给读者提供图书馆资源和服务的相关信息，解答读者的疑问。同时，当读者遇到问题或有不满时，图书馆管理人员也需要耐心听取并妥善处理，确保读者的权益得到保障。图书馆管理人员还需参与图书馆的宣传和推广活动。他们需要制订宣传计划，并利用各种渠道推广图书馆的服务和资源，吸引更多的读者关注和参与。他们会与媒体合作，组织图书展览和推广活动，提高图书馆的知名度和影响力。在工作流程方面，图书馆管理人员需要遵循一定的标准和流程进行工作。图书的采购需要按照采购计划进行，包括预算和数量的考虑。图书的编目工作需要按照规范的编目流程进行，确保图书的分类和标签是准确和统一的。图书的上架和维护也需要定期进行，以保持图书馆的有序和整洁。此外，图书馆管理人员还需要及时更新图书馆的资源和服务。他们需要不断了解最新的图书和资料，以满足读者的需求和兴趣。他们可能需要联系出版社或其他渠道，购买最新出版的图书。同时，他们还需要关注图书馆的硬件设施和软件系统，确保其正常运行并进行必要的更新和升级。

第二章　图书馆资源建设与利用

一、图书馆藏书与文献资源的选择与采购

（一）图书馆采购策略与流程

图书馆采购策略与流程是为了根据图书馆的资源限制、读者需求、学科发展和预算限制等因素，制定适合图书馆的采购方案。通过综合考虑各种因素，图书馆可以确保其馆藏能够满足读者的需求。图书馆的采购流程一般包括需求调研、选题立项、采购程序、验收和整理等环节。首先，图书馆需要通过用户调查、统计数据和用户反馈等方式对读者的需求进行调研，了解读者常阅读的领域以及具体图书需求。通过调研了解读者需求后，图书馆可以明确采购的方向和重点。在采购方向和重点明确后，图书馆会进行选题立项，根据读者需求和图书馆的定位，确定采购的主题和范围，并提出立项申请。在立项申请中，图书馆要明确采购目的、采购金

额、预计采购时间以及采购方式等细节。这个过程需要对市场进行调研和分析，确定采购的途径和供应商。接下来，图书馆会开始采购的程序。根据立项申请的要求，图书馆会通过招标、谈判等方式与供应商进行洽谈和协商，以获取符合要求的图书。在谈判过程中，图书馆可以充分利用市场竞争和供应商的报价等信息，以取得更好的采购价格和条件。最终，图书馆会选择合适的供应商，并达成采购协议。完成采购后，图书馆还需要对采购的图书进行验收和整理。验收环节是确保采购的图书质量和数量与协议一致的重要环节。图书馆会对采购的图书进行逐一核对和检查，确保图书的完整性、质量和数量准确无误。同时，图书馆还会对采购的图书进行整理，包括分类、编目、获得图书号和条码等处理。整理工作的目的是让采购的图书能够更好地服务读者。通过对图书的整理和归类，读者可以更方便地查找和借阅图书，提高图书馆的利用率和读者满意度。图书馆还可以开展展览和推广活动，将采购的图书向读者宣传和推广，增加图书的使用率和影响力。

（二）图书馆藏书建设的指导原则

图书馆藏书建设的指导原则，是指在图书馆的藏书建设和管理过程中，遵循一系列基本原则，有针对性地进行工作，以提高图书馆的藏书质量和服务水平，更好地服务于读者，推动社会文化的进步。图书馆的藏书建设应以读者为中心。这是因为在图书馆的服务过程中，读者是其服务的核心和出发点。因此，图书馆在进行藏书建设时，应当倾听读者的需求，了解他们的学科特点和阅读习惯，以便提供符合读者需求的图书和文献资源。这不仅可以提高读者的阅读体验，也可以提高图书馆的资源利用率。图书馆的藏书建设应注重学科建设与文化传承的结合。图书馆不仅是知识储存和传播的场所，也是学科研究和文化传承的重要场所。因此，图书馆在进行藏书建设时，应集中发展学科的重点和前沿领域，以支持学科的研究和发展。同时，也应注重传承经典文化和历史文献，以维护和弘扬民族文化和历史。另外，图书馆的藏书建设应注重多样性和综合性。这是因为图书馆的读者群体广泛，他们的需求也各不相同。因此，图书馆在进行藏书建设时，应确保藏书具有丰富多样的学科内容和文献类型，以满足不同读者的需求。同时，也应注重藏书的综合性，涵盖基础性和专业性图书，以满足不同层次读者的需求。图书馆的藏书建设应该注重质量与数量的平衡。这是因为图书馆的藏书不仅是知识的载体，也是学术研究和文化传承的重要工具。因此，图书馆在进行藏书建设时，不仅要追求丰富的藏书数量，还要注重对藏书的严格筛选和鉴定，确保藏书的质量和学术价值。只有这样，图书馆的藏书才能真正发挥其作用，为读者提供高质量的服务。

（三）图书馆文献资源的丰富与优化

在满足读者日益增长的信息需求方面，图书馆可以通过不断采购、更新文献资源来提高其质量和覆盖范围。图书馆可以与国内外的出版社建立长期稳定的供应关系，以便及时获得最新的图书和期刊。这样的合作可以通过订购来实现，图书馆可以通过建立购书计划和预算，定期制订采购计划，根据读者的需求和新领域的发展趋势来选择合适的资源。与此同时，图书馆还可以积极参加各种学术交流会议和论坛，与其他图书馆和机构建立合作关系，实现资源共享，进而通过合作采购、资源互借和资源共享等方式来扩充图书馆的资源库，提供给读者更多选择。图书馆需要重视电子资源的采购与建设。随着信息技术的飞速发展，电子资源在图书馆中的地位越来越重要。这些资源包括数字图书、电子期刊、数据库等。图书馆可以通过购买这些电子资源，拓展图书馆的信息资源丰富程度，满足读者对多样化信息的需求。此外，图书馆还可以通过数字化项目、电子馆藏和数字存档等手段，建设自己的电子资源库，以便更好地服务读者。这样不仅可以提高资源利用率，还可以提升图书馆的学术影响力和竞争力。另外，图书馆应该加强对文献资源的管理与维护工作，以确保文献资源的使用效率和安全性。首先，图书馆可以利用先进的图书馆管理系统，建立文献资源的档案和索引，方便读者快速检索和使用。同时，图书馆还可以开设相关的培训课程，向读者介绍图书馆的资源库特点和使用方法，提高读者的信息素养和检索能力。为了保护文献资源的版权和知识产权，图书馆应该加强信息安全管理工作。这包括确保授权访问、防止非法复制以及建立保密措施等方面。同时，图书馆还应该定期进行资源整理和更新，删除过时的资源，以确保文献资源的质量和有效性。

二、图书馆信息系统的建设与管理

（一）图书馆信息系统的需求分析与规划

在进行需求分析时，首先需要与图书馆工作人员和用户进行面对面的访谈，了解他们对图书馆信息系统的期望和需求。通过访谈，可以获得用户对系统功能、操作流程、界面设计等方面的意见和建议。同时，还可以通过观察图书馆的运营情况，了解图书借阅、归还、查询等过程中存在的问题和瓶颈，以便在系统设计时予以改进。除了访谈和观察，还可以通过分析图书馆的相关数据来了解图书馆的需求。例如，可以对图书馆的借阅记录进行统计分析，以确定借阅次数最多的图书类别或热门的图书关键字。在分析的基础上，可以提供有针对性的功能，比如推荐图书、提供热门图书的借阅排行榜等，以满足用户的需求并提供更好的借阅体验。通过需求分析，可以明确系统所需的功能和性能。例如，图书馆信息系统需要提供图书的借阅、归还、续借、预约等功能；需要实现对图书馆藏书的管理，包括图书的采购、分类、编目等；需要提供查询图书、查看图书详情的功能；还需要提供读者管理功能，如读者的注册、身份验证、个人信息修改等。在明确系统功能的基础上，还需要对数据结构进行设计，以便存储和管理图书馆的相关数据。在规划阶段，需要确定系统的整体架构和开发计划。系统的整体架构包括硬件设备、软件平台和网络结构等方面。例如，需要确定使用何种服务器、存储设备以及数据库系统等硬件设备；需要选择何种操作系统、开发语言和开发框架等软件平台；需要建立何种网络结构，包括内部网络和对外连接等。这些决策需要综合考虑系统的性能要求、安全性要求、可扩展性要求等因素。开发计划是规划阶段的另一个重要内容，它涉及系统开发的时间安排、资源配置和团队组织等方面。首先，需要确定系统开发的时间节点、里程碑和交付时间。这可以通过制订详细的开发计划、划分任务和设置检查点来实现。其次，需要进行资源配置，包括确定开发的团队规模、人员配备和开发工具等。通过合理分配资源，可以确保对开发进度和质量的控制。最后，需要进行团队组织和协调，确保各个开发团队之间的合作和沟通畅通，以达到整体开发目标。

（二）图书馆信息系统的建设和维护

图书馆信息系统是现代图书馆运营的核心支撑，它对图书馆的服务质量和管理效率起着至关重要的作用。因此，图书馆信息系统的建设与维护成为图书馆工作中不可或缺的一环。图书馆信息系统的建设是一个系统性的工程，它涉及需求分析、系统设计、开发实施以及系统测试等多个阶段。其中，需求分析是系统建设的基础，它要求开发者深入了解图书馆的运营模式，把握图书馆的各项需求，从而明确系统开发的最终目标。这一阶段的工作成果将直接影响到系统的整体架构和后续开发。在明确了系统开发的目标之后，接下来就是利用相应的开发工具和技术，将系统的各个功能模块进行开发和集成。这一阶段的工作需要开发者具备扎实的编程能力和丰富的系统开发经验，他们需要编写出高质量的代码，确保各个模块之间的协同工作。同时，开发者还需要进行模块测试和系统集成，以确保系统的各个部分能够正常运行。在系统建设阶段，还需要对系统的开发目标和步骤进行明确，并按照计划进行系统的开发和测试。这一阶段的工作要求开发者具有高度的组织能力和时间管理能力，他们需要合理安排自己的工作，确保各个阶段的任务按时完成。此外，开发者还需要与图书馆的工作人员保持密切的沟通，及时了解他们的需求，确保系统的开发能够满足他们的实际需要。当图书馆信息系统建设完成后，系统的维护和更新就成为下一个重要任务。系统的维护主要包括对系统的日常运行进行监控，及时发现并处理系统故障优化系统的性能，确保系统的稳定运行。这一阶段的工作需要开发者具备敏锐的问题发现能力和快速的故障排除能力，他们需要随时关注系统的运行状态，确保系统能够正常运转。同时，系统的更新也是维护工作的重要组成部分。随着图书馆服务的不断发展和用户需求的日益增长，系统需要不断地进行功能扩展和升级，以适应新的业务需求。这一阶段的工作要求开发者具有创新思维和较强的研发能力，他们需要根据用户的需求，设计并开发出新的功能模块，使系统能够更好地服务于图书馆的运营。

（三）图书馆信息系统的数据管理与安全

在当今信息化社会，图书馆作为知识传播的重要场所，已经广泛采用了信息系统来管理图书资源、读者信息和借阅记录等重要数据。这些数据不仅是图书馆业务运行的基础，更是图书馆的重要资产，需要得到有效的管理和保护。数据管理是图书馆信息系统中的一项重要任务，它包括数据的采集、存储、处理和使用。在采集数据时，图书馆需要确保数据的准确性和完整性，避免出现错误或遗漏。数据的存储和处理则需要选择合适的数据库管理系统，以确保数据的安全性和可靠性。此外，数据的使用必须遵守相关的数据保护法律法规，只能在授权的范围内进行使用。为了确保数据的质量和完整性，图书馆通常会建立严格的数据清洗和校验机制。这些机制会对数据的类型、格式、长度、唯一性等方面进行严格的校验，以确保数据的准确性和一致性。同时，图书馆还会建立完善的数据备份和恢复机制，以防止数据丢失或损坏。除了数据管理，图书馆还需要关注数据的安全问题。由于图书馆信息系统中的数据包含大量的敏感信息，如读者的身份信息、借阅记录等，这些信息一旦泄露或被滥用，将会对图书馆和读者造成严重的损失。因此，数据安全是图书馆信息系统的重要问题。为了保护数据的安全，图书馆需要采取一系列的安全措施。这些措施包括物理安全措施和网络安全措施。物理安全措施包括控制机房的访问、安装安全监控设备、实施设备防盗等，以防止未经授权的人员进入机房或盗取设备。网络安全措施则包括数据加密、设置访问控制策略、部署防火墙等，以防止网络攻击和入侵。此外，图书馆还需要建立完善的权限管理制度，确保只有被授权的人员可以访问和操作系统中的数据。这需要为每个用户分配不同的权限，并建立严格的审批和授权流程，以防止数据被越权访问或使用。同时，图书馆还需要定期对权限进行审计和检查，以确保权限管理制度的执行效果。在数据传输过程中，图书馆也需要采取加密措施，以确保数据在传输过程中的安全。同时，图书馆还需要建立应急响应机制，以应对可能出现的网络安全事件。如果出现网络安全事件，图书馆需要及时采取措施进行应对，并报告相关部门进行调查和处理。

三、图书馆数字化资源的管理与利用

（一）图书馆数字化资源的获取与处理

图书馆数字化资源的获取与处理是数字化资源管理的关键步骤，是数字化资源建设的基础工作。在进行数字化资源管理的过程中，首先需要对纸质资源进行数字化转换，即将传统书籍、期刊、报纸等纸质资料转化为电子文档，以便于存储、检索和利用。这一过程需要专业的扫描设备和技术人员，以确保数字化转换的质量和效率。在纸质资源数字化转换的过程中，需要考虑到电子文档的格式、清晰度、存储空间等因素，以确保转换后的电子文档能够满足用户的需求。同时，还需要考虑到数字化转换的成本和效率，以便更好地控制数字化资源的建设成本。图书馆还需要对数字化资源进行加工和处理。在完成纸质资源的数字化转换后，需要对电子文档进行格式转换、压缩、去重等操作，以节省存储空间，提高利用效率。此外，还需要对数字化资源进行分类、标引、描述等，以便用户更好地检索和利用这些资源。这些操作需要专业的技术人员和相应的技术设备来完成，以确保数字化资源的准确性和可用性。在进行数字化资源处理的过程中，还需要考虑到资源的版权问题。需要确保数字化资源的合法性，避免侵犯他人的版权权益。同时，还需要遵守相关的法律法规和政策，以确保数字化资源的建设和管理符合相关规定。除了对电子文档的处理外，图书馆还需要对数字化资源进行管理和维护。这包括定期备份数字化资源、更新和维护数字化资源的数据库、确保数字化资源的可用性和稳定性等。这些工作需要专业的技术人员和管理人员来完成，以确保数字化资源的长期可用性和稳定性。总的来说，图书馆数字化资源的获取与处理是数字化资源管理的关键步骤，需要专业的扫描设备和技术人员来完成。通过这些工作，可以将传统的纸质资源转化为电子文档，以便存储、检索和利用。同时，还需要对数字化资源进行加工和处理，以便用户更好地检索和利用这些资源。此外，还需要考虑到资源的版权问题和管理维护工作，以确保数字化资源的合法性和稳定性。在处理数字化资源的过程中，也需要注意一些其他的问题。例如，需要考虑到用户的隐私和数据安全问题。在存储和传输数字化资源的过程中，需要采取相应的措施来保护用户的个人信息和数据安全，避免数据泄露和滥用等问题。此外，还需要根据用户的需求和反馈来不断优化和更新数字化资源的内容和质量，以提高用户的使用体验和满意度。这些工作需要在实践中不断探索和总结经验，以便更好地满足用户的需求和提高图书馆的服务水平。

（二）图书馆数字化资源的存储与检索

图书馆的数字化建设已成为其发展的重要方向。其中，数字化资源的存储与检索作为核心工作，其重要性不言而喻。一方面，存储是基础，它关系到数字化资源的安全、稳定和高效；另一方面，检索是手段，它直接影响到用户获取资源的便捷性和准确性。因此，图书馆在数字化资源的管理过程中，必须重视存储与检索的双重任务。从存储的角度来看，图书馆需要面临的首要问题就是选择合适的存储设备和技术。在数字化时代初期，磁盘存储因其较高的读写速度和较大的存储容量，成为图书馆的首选。但随着数字化资源的爆炸式增长，单一的磁盘存储已经无法满足图书馆对大量存储空间和长时间数据保存的需求。于是，磁带存储逐渐受到了青睐，它不仅具有大容量、低成本的优势，而且可靠性高，适合长期数据保存。然而，磁带存储的读写速度相对较慢，无法满足实时访问的需求。此时，云存储的出现，为图书馆提供了新的选择。云存储依托强大的云计算技术，具有弹性扩展、按需分配、高可用性等特点，既可以满足图书馆对大量存储空间的需求，又可以实现快速的数据访问和共享。更重要的是，云存储还可以实现数据的分级存储，将常用数据存储在高速设备上，不常用数据存储在低速设备上，从而进一步提高数据访问的速度和效率。因此，图书馆在选择存储设备和技术时，应充分考虑到自身的实际需求，合理规划，既要确保数字化资源的安全稳定，又要提高数据存储和访问的效率。从检索的角度来看，图书馆需要开发和维护一个高效、易用的检索系统。这个系统应具备强大的检索功能，包括但不限于关键词检索、分类检索、高级检索等。关键词检索是最基本的检索方式，用户可以通过输入关键词，快速找到资源；分类检索则是一种更为精细的检索方式，用户可以通过资源的分类体系，逐步缩小查找范围；高级检索则提供了更多的筛选条件，如时间、作者、出版社等，用户可以根据自己的需求进行更为精确的查找。此外，检索系统还应具备智能推荐功能。通过分析用户的检索历史和阅读偏好，系统可以自动推荐用户可能感兴趣的资源。这一方面可以提高用户获取资源的效率，另一方面也可以帮助图书馆更好地了解用户需求，优化资源配置。检索系统还应具备数据挖掘和分析功能。通过对数字化资源的深入挖掘和分析，可以发现资源的潜在价值和规律，为图书馆的决策提供支持。例如，通过对资源的访问频率进行分析，可以了解用户对不同资源的关注程度，从而指导图书馆的采购工作；通过对资源的关键词进行分析，可以发现用户感兴趣的热门话题，从而指导图书馆的资源建设和服务优化。

（三）图书馆数字化资源的推广与利用

数字化资源的推广与利用是数字化资源管理的最终目标，也是图书馆未来发展的关键。为了提高数字化资源的利用率和影响力，图书馆需要采取多种措施进行推广，同时也要关注用户的需求和体验，不断优化服务内容和方式。图书馆可以通过举办讲座、培训、展览等活动，向用户介绍数字化资源的特点和使用方法。这些活动可以让用户更加了解数字化资源，掌握利用数字化资源的方法，从而提高数字化资源的利用率。此外，图书馆还可以与学校、企业、研究机构等合作，共享数字化资源，扩大资源的影响力和覆盖范围。通过合作，图书馆可以更好地整合资源，提高资源的利用效率，同时也能够提高图书馆的知名度和影响力。在数字化资源的利用方面，图书馆需要关注用户的需求和体验，不断优化服务内容和方式。为了满足用户的多样化需求，图书馆可以为用户提供个性化推荐、在线咨询、远程接入等服务。这些服务可以让用户更加方便地获取数字化资源，提高资源的利用效率。同时，图书馆还需要对数字化资源的利用情况进行监测和评估，以便及时发现问题，改进服务。为了实现个性化推荐，图书馆可以利用大数据和人工智能技术，分析用户的阅读习惯、喜好等信息，为用户提供更加精准的资源推荐。在线咨询可以让用户随时随地进行咨询，获得专业的解答和指导。远程接入则可以让用户不受地点的限制，通过互联网访问图书馆的数字化资源。除此之外，图书馆还需要加强对数字化资源的保护和管理。由于数字化资源的特殊性，需要更加严格的安全措施和管理制度来保障资源的完整性和安全性。图书馆需要建立完善的安全管理制度，加强数字版权管理，防止资源的侵权和盗用。同时，图书馆还需要加强对数字化资源的备份和恢复工作，确保在发生意外情况时能够及时恢复资源，减少损失。

四、图书馆设备设施的维护管理

图书馆设备设施的维护管理是保障图书馆正常运行的基础。其中包括图书分类系统、检索系统、照明设施、计算机设备、桌椅板凳、空调系统、消防设施等。维护管理的主要内容包括定期检查、清洁保养、维修更换等。定期检查是维护管理的重要环节。图书馆管理人员需要定期对设备设施进行检查，确保其正常运行。例如，对计算机设备的检查包括检查硬件是否正常、软件是否更新、网络连接是否畅通等。对空调系统的检查包括检查制冷制热效果、空气质量、湿度等。对消防设施的检查包括检查消防器材是否完好、消防通道是否畅通等。清洁保养也是维护管理的重要内容。图书馆设备设施在使用过程中容易积累灰尘、污渍，影响其美观性和使用效果。因此，管理人员需要定期进行清洁保养，确保设备设施的整洁和美观。例如，对桌椅板凳的清洁保养包括擦拭表面灰尘、污渍，保持外观整洁。对图书分类系统的清洁保养包括定期除尘、润滑，确保其正常运行。维修更换也是维护管理的重要手段。对于损坏或无法修复的设备设施，需要及时进行更换。此外，对于老化或性能下降的设备设施也需要及时进行维修或更换，以确保图书馆的正常运行和读者的使用体验。

随着信息技术的飞速发展和读者对图书馆服务需求的不断提高，图书馆设备设施也必须不断地进行更新与升级，以保持与时俱进的面貌。其中包括增加新的设备设施、升级现有的设备设施以及淘汰过时的设备设施等等。首先，增加新的设备设施是满足读者需求和提高图书馆服务质量的必要手段。随着科技的进步，数字化设备变得普及，因此在图书馆中增加数字化设备是必不可少的。这样一来，读者可以更快速、更便捷地进行检索，从海量的图书馆资源中找到所需内容。此外，为了提高读者的借还效率，应该大量增加一些自助借还设备。借助自助借还设备，读者可以自行完成借书和还书的过程，避免了人工处理的繁琐，节省了宝贵的时间。此外，为了提供更多的阅读和学习方式，图书馆还可以建立多媒体阅览室。多媒体设备的增加可以让读者在阅读的同时，还可以利用多媒体设备进行更深入的学习和研究，获得更全面的知识。而升级现有的设备设施可以提高其性能和效率，从而提升图书馆的整体服务水平。比如，图书馆的计算机设备应该及时进行升级，以提高其检索速度和数据处理能力。随着图书馆资源和读者的增加，计算机查询速度也变得越来越重要。升级计算机设备可以让读者更快地获得所需信息，提高检索效率。此外，升级图书馆的照明设施也非常重要，以提供更好的阅读环境。优质的照明设施可以减轻读者的眼睛疲劳，提高阅读的舒适度和效果。同时，升级空调系统也应该成为图书馆设备设施升级的重要内容之一。通过升级空调系统，可以提高制冷制热的效果，确保读者在图书馆里的舒适度。此外，增加新型的空气净化设备也可以提高图书馆空气质量，为读者创造一个更加健康的阅读环境。另外，淘汰过时的设备设施也是保证图书馆持续发展的必要措施。随着信息技术的快速发展，图书馆设备设施的更新换代速度也越来越快。过时的设备设施不仅会影响图书馆的运行效率和服务质量，还会造成资源的浪费。因此，及时淘汰过时的设备设施成为保证图书馆持续发展的必要手段。通过定期评估设备设施的使用情况，图书馆可以及时发现并淘汰那些已经不能满足读者需求的设备设施，以确保图书馆的运行效率和服务质量。智能化维护可以通过建立设备远程监控系统，实现对设备的远程监控和操作。通过互联网技术，管理人员可以随时远程查看设备的运行状态，进行远程操作和调整，以提高设备的效率和运行质量。智能化更新是指利用先进的科技手段，对图书馆设备设施进行升级和更新，以适应时代的发展和用户的需求。例如，可以利用人工智能技术对图书馆的自动借还机进行升级，使其具备更加智能的识别和操作功能，提高借还书的效率和用户体验。此外，智能化应用还可以通过大数据技术实现对图书馆设备设施的优化和调整。通过收集和分析用户的借阅行为、需求偏好等信息，可以对图书馆的设备布局、书库安排等进行优化，提高设施的利用率和用户满意度。在智能化应用中，物联网技术起到了关键的作用。通过物联网技术，图书馆的各类设备可以互相连接和通信，实现信息的共享和协同工作。举例来说，图书馆的自动取书机、自动还书机和自动分类机可以通过物联网技术相互连接，实现自动化的借还书流程。同时，这些设备还可以通过物联网技术与图书馆的管理系统连接，实现设备状态的实时监控、故障预警和维护管理。通过物联网技术，图书馆可以有效掌握设备运行情况，提高设备的利用效率和工作效率。而人工智能技术在智能化应用中也发挥了重要作用。通过人工智能技术，图书馆设备可以实现智能化的诊断和维护。举例来说，通过对设备运行数据和故障数据的分析，人工智能系统可以预测设备的故障风险和维修需求，并提供相应的解决方案。借助人工智能技术，图书馆设备的维护工作可以更加高效和准确，减少设备故障对图书馆正常运营的影响。

第三章　图书馆读者服务与访问管理

一、读者服务的基本原则与方法

读者服务是图书馆的核心工作之一，其基本理念是以读者为中心，满足读者需求，提供优质的图书馆服务。这一理念贯穿于图书馆的各项工作之中，包括图书采购、编目、流通、阅读推广等。为了实现这一理念，图书馆还制定了一系列的准则，以指导图书馆工作人员进行服务。首先，图书馆始终坚持读者服务以读者为中心。图书馆的存在和发展都是为了满足读者的需求，因此在进行读者服务时要从读者的角度思考问题，关注读者的需求和期望。图书馆应该了解读者的需求，尽可能提供符合他们需求的图书和信息服务。同时，图书馆还应该提供人性化的服务，如设置舒适的阅读环境、提供免费的咖啡和茶水等，以增强读者的阅读体验。图书馆提供的服务应该是全面的。除了传统的图书借阅服务外，图书馆还应该提供其他形式的咨询和指导服务，以满足读者的不同需求。例如，图书馆可以提供文献检索服务，帮助读者查找所需的资料；提供参考咨询服务，解答读者的疑难问题；还可以开展阅读推广活动，引导读者阅读优秀的图书。这些服务可以增强图书馆的吸引力，提高读者的满意度。图书馆还应该注重提高服务效率和质量。为了实现这一目标，图书馆应该采用现代化的技术手段，如自动化管理系统、电子借阅系统等。同时，图书馆工作人员也应该具备专业的知识和技能，能够迅速解答读者的咨询，提供准确的图书信息。此外，图书馆还应该尽可能提供快捷的服务，例如快速借还图书、迅速解答读者咨询等，以提高读者的满意度。图书馆应该注重个性化服务。每个读者都有不同的需求和兴趣，图书馆工作人员应该根据读者的特点和需求提供个性化的服务。例如，对于一些特定领域的读者，图书馆可以提供专业的咨询服务；对于一些需要特殊格式或语言图书的用户，图书馆可以提供定制化的服务。这些个性化的服务可以更好地满足读者的需求，提高图书馆的竞争力。

为了提供高质量的咨询和引导服务，图书馆工作人员需要掌握一些方法和技巧。首先，图书馆工作人员应具备良好的沟通技巧。在处理读者的咨询时，他们需要倾听读者的需求和问题，理解读者的困扰，并能够清晰地予以回答。为了达到这个目标，图书馆工作人员需要不断地提高自己的语言表达能力，增强自己的倾听能力，以便更好地与读者进行交流。此外，在与读者交流时，图书馆工作人员还要注意语言的准确性和简洁性，确保读者能够准确理解信息。如果遇到难以表达的情况，也可以借助图表、图片等非语言符号来辅助沟通，以便更好地理解读者的需求。图书馆工作人员应具备广泛的知识储备。作为图书馆的"知识导航员"，他们需要了解图书馆的资源和服务，包括各种图书、期刊、数据库、参考工具书等，并能够根据读者的需求提供相关的信息和指导。为了达到这个目标，图书馆工作人员需要不断地学习和更新自己的知识，提高自己的专业素养。他们还应该了解一些基本的学术研究方法，如文献综述、研究设计、数据分析等，以便为读者提供更全面、更专业的咨询服务。图书馆工作人员还可以利用技术手段来提供咨询和引导服务。随着信息技术的发展，图书馆的服务方式也在不断创新。如今，电子邮件、在线聊天和社交媒体等工具已经成为图书馆与读者交流的重要渠道。通过这些渠道，图书馆工作人员可以方便地与读者进行交流，随时随地为读者提供所需的信息和服务。例如，他们可以通过电子邮件快速回复读者的咨询，通过在线聊天提供实时服务，通过社交媒体与读者互动、分享信息。图书馆工作人员还应具备解决问题的能力。在处理读者的咨询时，他们可能会遇到各种复杂的问题，如文献查找、数据统计、研究设计等。为了能够快速、准确地解决这些问题，图书馆工作人员需要具备扎实的知识基础和丰富的实践经验，以便快速分析读者的问题，提供切实可行的解决方案。如果遇到不能解答的问题，他们需要积极引导读者寻求更专业的帮助，如学科专家、研究机构等。此外，图书馆还可以建立一支专家团队，为读者提供更专业、更深入的咨询服务。

通过读者需求调查与分析，图书馆可以更加准确地了解读者的需求，从而提供更好的服务。问卷调查是了解读者需求的常用方法之一。图书馆可以设计问卷，问题包括读者对图书馆服务的满意度、需求和期望，以及他们在使用图书馆资源时遇到的问题。通过收集和分析问卷数据，可以及时掌握读者的需求和反馈，并为图书馆提供改进和优化的方向，以便针对性地改进服务，提高读者满意度。观察和听取读者意见也是了解读者需求的重要途径。图书馆工作人员可以通过观察读者的借阅行为和咨询需求，主动了解读者对图书馆资源和服务的需求信息。例如，工作人员可以注意读者的借阅偏好，了解他们喜欢的图书类型和领域，以便采购更符合读者喜好的图书资源。此外，图书馆还可以设立读者建议箱或定期举办读者座谈会，让读者可以直接提出意见和建议，这样可以获取更加细致和全面的需求信息。除了以上方式，还可以通过对比其他图书馆的服务水平和特色，了解读者对不同服务的需求。图书馆可以对其他同类机构的服务内容和特点进行调研，了解读者对于不同服务的需求情况。可以借鉴其他图书馆的优秀经验，提升自身的服务质量。此外，图书馆还可以利用现有的数据资源进行需求分析。例如，通过分析图书借还记录、图书馆网站访问数据等信息，可以了解读者对不同资源和服务的关注度和需求程度。例如，分析读者对不同图书馆馆藏资源的借阅情况，了解读者对不同领域图书资源的需求，进而根据需求情况合理采购。可以通过网站访问数据了解读者对不同服务的使用情况，如读者对电子资源的需求程度日益增长，可以考虑增加电子资源的种类和数量，满足读者的需求。

二、图书馆读者教育与培训

图书馆读者教育的目标是通过一系列的教育活动，培养读者的信息素养，使其能够主动掌握和利用信息资源。这个过程不仅包括信息知识的获取，还包括信息能力的培养，以及信息道德和信息伦理的建立。通过读者教育，图书馆可以帮助读者提升信息检索和分析能力，培养批判性思维和创新能力，提高阅读理解和写作表达能力，塑造良好的阅读习惯和价值观念，这是图书馆在教育和知识传播中发挥重要作用的重要体现。图书馆读者教育的内容非常丰富，主要包括几个方面。一是信息素养教育。在这个教育过程中，教授读者信息搜索、检索和利用的方法和技能。这包括各种信息资源的类型、特点和使用方法，如何使用搜索引擎、数据库、图书馆网站等工具进行信息检索，以及如何筛选和评估信息的质量。此外，还会培养读者的知识产权意识，了解和遵守相关的信息伦理，例如尊重他人的知识产权，不进行非法的信息复制和传播。二是阅读能力培养。图书馆不仅是知识的宝库，也是阅读的最佳场所。因此，图书馆需要为读者提供阅读指导和阅读推广活动，培养读者的阅读兴趣和阅读能力。这包括推荐优秀的阅读材料，提供舒适的阅读环境，举办阅读分享会和读书会等活动，以推动读者的持续阅读。三是写作能力培养。图书馆是培养和提高写作能力的理想场所。因此，图书馆需要为读者提供写作指导和写作培训，帮助读者提升写作表达能力。这包括提供写作技巧的指导，如如何组织文章结构、如何使用语言、如何表达观点等；也包括提供写作练习的机会，让读者在实际操作中提高写作能力。此外，还会培养读者的批判性思维和创新能力，鼓励他们从多角度思考问题，提出新颖的观点。四是数字素养培养。随着数字化和信息化的发展，掌握数字技术已经成为现代人必备的技能之一。因此，图书馆需要教授读者使用和应用数字技术的方法和技能，提高他们的信息技术素养和数字资源利用能力。这包括各种数字工具的使用，如办公软件、社交媒体、在线数据库等；也包括数字安全意识的培养，如网络安全、数据保护等。五是学术素养培养。在学术研究和学术写作中，学术素养是非常重要的。因此，图书馆需要教授读者学术规范和学术道德，引导他们正确引用参考文献的方法和技巧。这包括了解和研究学术界常用的引用格式，如 APA、MLA 等；也包括提高他们的学术研究和写作能力，如如何进行文献综述、如何进行科学实验、如何撰写高质量论文等。

图书馆读者培训是图书馆为提升读者信息素养提供的多元化、个性化的信息技能培训服务。为此，图书馆采取了多种方式和途径，尽可能满足不同读者的需求。一是开展面对面培训。这是图书馆读者培训的主要方式之一。图书馆可以组织举办各种形式的培训班、讲座和研讨会，由专业馆员为读者亲自传授专业知识和技能。此外，图书馆还可以邀请相关领域的专家、学者举办讲座，分享最新的信息和研究成果，帮助读者了解和掌握最新的专业知识和技能，进而提高读者的专业素养。面对面培训不仅可以提供及时的交流和指导，而且可以给予实时的反馈和修正，有利于读者快速掌握所需技能。二是进行网络培训。随着互联网技术的发展，网络培训已成为图书馆读者培训的重要方式之一。图书馆可以通过网络平台提供在线培训课程和资源，使读者可以随时随地参与学习。网络培训具有灵活性和自主性的特点，读者可以根据自己的时间安排，选择合适的时间和地点进行学习。同时，网络培训可以采用文字、图片、音频和视频等多种形式，以满足读者的多样化学习需求。例如，图书馆可以开设信息检索、文献写作、数字资源利用等主题的在线课程，帮助读者提升信息素养和技能。三是印发培训手册和指南。为了方便读者自学和参考，图书馆可以编写和发布培训手册和指南。这些手册和指南可以提供使用指导和技巧，帮助读者快速了解和使用图书馆的资源和服务。这些手册和指南可以涵盖各种主题，如信息检索、文献写作、数字资源利用、学术论文的撰写与发表等，以满足不同读者的需求。四是使用培训工具和软件。为了提供具有互动性和个性化的学习体验，图书馆可以开发和使用各种培训工具和软件，帮助读者更好地理解和掌握所需技能。例如，图书馆可以利用图书馆管理系统和学习管理系统，为读者提供个性化的学习资源和学习计划。此外，图书馆还可以开发一些专门针对特定技能的软件，如文献检索软件、数据可视化软件等，通过软件的操作演示和实操练习，帮助读者更好地掌握相关技能。另外，为了确保培训效果，图书馆还可以采用一些评估工具和方法，如问卷调查、知识测试等，以了解读者的学习情况和满意度，从而不断改进和优化培训内容和方式。

图书馆在提升读者素养方面的措施之一是持续开展读者教育活动。为了提供学习和交流的机会，图书馆可以组织各种形式的活动，如定期举办培训班、讲座以及读书俱乐部等。这些活动可以帮助读者了解并学习如何有效地获取信息和利用图书馆的资源。此外，这些活动还能够促进读者之间的交流和互动，使得他们能够通过分享观点和经验来互相启发和学习。图书馆还可以定期评估读者素养的提升情况。为了更好地了解培训效果，图书馆可以采用问卷调查、教学评估和使用统计等方法对读者的信息素养和阅读能力进行评估。通过这些评估，图书馆可以了解读者在信息搜集、筛选和利用方面的能力，并据此对培训内容和方式进行调整。这样，图书馆可以更加具有针对性地开展读者教育活动，帮助读者更好地适应信息社会的发展。图书馆还可以建立读者反馈机制，鼓励读者提出建议和意见。通过建立反馈机制，图书馆能够及时了解读者对于教育和培训活动的意见和需求，并根据反馈进行相应的改进和提升。这样的机制可以在图书馆和读者之间建立良好的沟通渠道，促进双方的互动和共同进步。最后，图书馆还可以与其他机构合作，共同开展读者教育和培训活动，拓宽读者教育的资源和渠道。与教育机构、学术机构和社区组织的合作可以为图书馆提供更多的资源和专业知识，使得图书馆的教育活动更加全面和专业化。同时，这样的合作也能够使得读者接触到更丰富的学习资源和更多的培训机会，提高他们的信息素养和阅读能力。

三、图书馆读者活动的组织与实施

（一）图书馆读者活动的策划和实施

在活动实施阶段，还需要重视宣传和推广工作。通过各种渠道，如图书馆的官方网站、社交媒体平台、宣传栏等，将活动信息发布出去，吸引读者的关注和参与。活动的宣传可以借助文字、图片、视频等多种形式，生动地展示活动的内容和亮点，让读者产生浓厚的兴趣。此外，还可以借助合作伙伴的力量，如学校、社团、社区等，共同宣传和推广活动，扩大活动的影响力和参与人数。在活动的实施过程中，需要注重活动的操作性和互动性。活动应该具有一定的操作性，让读者能够亲自参与其中，通过实际操作来提高他们的阅读能力和技巧。比如举办读书体验活动，读者可以亲自选择书籍、借阅图书，然后通过读后感的分享或讨论，加深对书籍的理解和感悟。活动还应该具有一定的互动性，通过开展读者之间的交流和互动，增强读者的社交能力和合作意识。比如举办读者交流会，读者可以互相交流阅读心得、推荐好书，共同提高阅读水平和品位。图书馆需要保证活动的质量和效果。活动的质量不仅体现在活动的内容和组织上，还体现在活动的服务和体验上。图书馆需要提供良好的服务环境和服务态度，满足读者的需求和期待。同时，在活动过程中需要及时收集读者的意见和反馈，了解他们的满意度并借鉴他们提出的改进意见，不断完善和创新活动的内容和形式。此外，在活动的实施过程中，还需要关注活动的后续工作和效果评估。活动结束后，图书馆可以通过各种方式进行效果评估，了解活动的实际效果是否达到预期目标，调研读者的满意度如何等。评估结果可以作为改进和优化活动的依据，为下一次活动的策划和实施提供经验和参考。与此同时，还需要做好活动的总结和归档工作，将活动的经验和资料整理、保存下来，为今后的活动策划提供参考。

（二）图书馆读者活动的推广与评估

在图书馆读者活动中，推广和评估是不可或缺的环节。推广活动的方式多种多样，其中之一是利用图书馆的宣传渠道，比如展示栏、网站、社交媒体等，将活动信息传达给读者。展示栏可以用来展示活动海报或简介，网站和社交媒体可以发布活动通知和相关信息，以吸引读者的注意。此外，图书馆还可以通过海报和传单等方式，在校园和社区内广泛宣传活动，并邀请读者积极参与。在活动推广的过程中，还可以利用校园活动、社区活动等相关机会，增加活动的曝光度。通过与校园组织和社区合作，将读者活动与其他活动结合起来，增加活动的吸引力和影响力。例如，在学期初的新生迎接活动中，可以安排图书馆读者活动的介绍和推广，吸引新生对图书馆活动的关注。在社区活动中，可以设置图书馆读者活动的展台，向参加活动的居民介绍图书馆的资源和活动，并吸引他们积极参与。活动后的评估也是非常重要的环节。评估可以帮助图书馆了解活动的效果和影响，以及读者对活动的满意度和建议。通过评估，图书馆可以了解到活动是否达到了预期目标，是否对读者产生了积极影响。评估的结果还可以为图书馆提供改进活动策划和实施的依据，提高活动的质量和效果。图书馆可以通过意见反馈表、问卷调查等方式进行评估。在活动结束后，可以向参加活动的读者发放意见反馈表，让他们对活动进行评价并提出建议。意见反馈表可以包括一些评分指标，如活动的内容和组织、讲师的表现、活动现场的氛围等，以及读者的建议和意见。此外，图书馆还可以设计问卷调查，通过对读者的全面调查，了解他们对活动的满意度、参与意愿、改进建议等信息。在进行评估时，图书馆需要将收集到的反馈意见进行整理和分析。可以根据意见反馈表和问卷调查的结果，对活动的各个方面进行评估和分析。例如，如果多数读者对活动的内容和组织表示满意，但对讲师的表现持有较低评分，那么图书馆可以针对这一问题进行改进，提高讲师的教学水平。此外，图书馆还可以根据读者的建议和意见，调整活动的内容和形式，进而推出更加符合读者需求的活动。评估结果不仅可以帮助图书馆改进活动，提高活动的质量和效果，还可以为图书馆的管理决策提供参考。图书馆根据评估结果可以了解到读者对活动的需求和期望，从而为未来的活动策划提供依据。评估还可以帮助图书馆发现潜在的问题和挑战，以便及时制定相应的解决方案，确保活动的顺利进行。

（三）图书馆读者活动的合作与交流

单靠图书馆自身的力量，有时候难以提供更好的活动体验。因此，图书馆可以与其他单位或组织进行合作和交流，以期在资源共享、经验交流等方面实现互利共赢。例如，图书馆可以与学校进行合作。学校是培养人才的重要场所，图书馆与学校的合作延伸至学生的课余生活，让学生在学习之余培养阅读的兴趣。图书馆还可以与学校共同举办各种讲座、读书会等活动，邀请专家学者分享知识和经验，为学生提供更多的学习机会。学校也可以利用图书馆的资源，为师生提供更加丰富的学术支持。图书馆还可以与社区进行合作。社区是居民生活的重要场所，图书馆与社区合作的意义在于，可以将阅读文化融入居民的生活中，增强居民的阅读意识和文化素养。图书馆可以与社区共同举办各种文化活动，如读书节、作家见面会等，吸引更多的居民参与到阅读的行列中来。此外，图书馆还可以与社区分享自身的资源和经验，帮助社区建立更加完善的公共文化服务体系。此外，图书馆还可以与其他图书馆进行交流。图书馆之间的交流可以带来更多的资源和支持，增加活动的影响力和吸引力。例如，图书馆可以组织研讨会，邀请其他图书馆的专家分享读者活动的策划和实施经验。通过这种方式，图书馆可以学习到其他图书馆的优秀做法，从而提升自身的服务质量。同时，图书馆还可以组织参观交流，实地了解其他图书馆的设施和服务，为自身的发展提供借鉴。在与其他单位或组织进行合作与交流时，图书馆需要坚持原则，确保活动的顺利进行。首先，图书馆应尊重合作伙伴的意见，充分沟通，达成共识。其次，图书馆需要明确活动的目标和意义，确保活动能够达到预期的效果。最后，图书馆还需要在活动中发挥自身的作用，展示图书馆的独特魅力。

四、图书馆访问管理的规范与控制

（一）图书馆访问政策和规定

图书馆访问政策和规定是为了确保文献资源的安全以及维护图书馆的正常秩序、满足读者需求而制定的一系列规章制度。这些政策和规定具体规定了读者在使用图书馆资源和服务时应该遵守的规则，包括借阅权限、阅览室的使用规定、图书赔偿等方面的规定。例如，为了保证读者的身份和注册信息的真实性，图书馆会要求读者进行实名制注册并签订协议，以承诺遵守图书馆的各项规定。与此同时，图书馆还会为珍贵文献、特殊时间段或特定群体制定特殊政策，以确保其合理利用。为了更好地管理借阅行为，图书馆也会实行分级借阅制度，根据读者的身份、类别等设定不同的借阅数量和借阅期限。对于电子资源的使用，图书馆还会制定网络使用政策，明确规定读者在使用网络资源时的行为准则，包括不得从事任何违法活动、不得侵犯他人隐私等。通过这些明确的政策和规定，图书馆能够为读者提供一个公平、有序的学习和研究环境。图书馆的访问政策和规定对于保障图书馆资源的安全至关重要。首先，严格的实名制注册和签署读者协议的要求能有效防止假冒身份的读者进入图书馆。其次，借阅权限和图书赔偿等规定能够对读者的借阅行为进行规范，保证图书馆资源的正常流通和使用。特殊政策的制定则能够更好地保护珍贵文献以及特殊时间段或特定群体的使用权益，确保珍贵文献及读者权益得到适当的保护和管理。对于电子资源的使用，网络使用政策的制定和执行可以有效防范违法行为，维护网络环境的安全和稳定。例如，明确规定不得从事任何违法活动，如盗取他人的信息或进行网络攻击，能有效保护读者的隐私和权益。此外，在保护读者隐私方面，图书馆还会采取相应的措施，确保读者在使用图书馆网络资源时能够享受到合法、安全的服务。

（二）图书馆安全管理和访问控制

图书馆安全管理的目标是确保图书馆的人员和财产的安全，并保持良好的图书馆环境。在图书馆中，访问控制是一项重要的安全管理措施，它包括对入馆读者进行身份验证以及对馆内各个区域和资源的访问权限控制。图书馆通常通过门禁系统、身份识别（如刷读者卡、身份证）和监控系统等来实施访问控制。门禁系统是图书馆访问控制的主要手段之一。通过安装在图书馆入口的门禁系统，可以有效地控制入馆人员的数量和身份。入馆读者必须通过刷读者卡或刷身份证的方式进行身份验证才能进入图书馆，从而减少了潜在的安全风险。除了门禁系统，监控系统也是图书馆安全管理的重要组成部分。图书馆会在各个区域设置监控摄像头，以监视馆内的情况。监控系统可以用于监测馆内的人流情况、预防盗窃和破坏行为，并提供实时的监控录像作为证据。这些摄像头通常会安装在各个重要区域，如入口处、阅览室和自习室等，以确保全面监控并及时发现异常情况。对于携带危险物品的读者，图书馆有权拒绝其入馆，并在入口处进行安全检查。这是为了防止潜在的安全隐患对其他读者和馆内资源造成危害。安全检查包括对个人物品的检查、金属探测和 X 光扫描等手段，以确保不会有危险物品进入图书馆。这也对携带危险物品的人员起到了警示和威慑作用，降低了图书馆的安全风险。除了日常的访问控制，图书馆还应定期进行安全培训和演练，以增强员工和读者的安全意识和应对能力。安全培训可以涵盖消防安全、紧急逃生、急救知识等方面，使员工和读者了解应急处理的基本知识和技能。演练活动可以模拟各种安全事件，如火灾、地震等，以检验应急预案的有效性和员工的应对能力。在紧急情况下，图书馆应该启动应急预案，迅速有效地处理问题，以确保人员的安全。应急预案是对各种紧急情况的应对措施和步骤的总结和规范，包括逃生路线、紧急联系人、疏散方法等。当发生紧急情况时，图书馆应立即启动应急预案，并按照预案中规定的步骤进行应急处理，以最大程度地减少损失、保护人员安全。

（三）图书馆网络访问管理

随着信息技术的不断进步和普及，图书馆网络访问管理的重要性日益凸显。保护图书馆的数字资源不受非法用户的侵入，同时确保合法用户能够顺利访问所需资源，已成为图书馆网络安全的一项关键任务。为了有效管理图书馆网络访问，基于任务的访问控制模型被引入，这种模型根据用户的角色和任务，为其授予相应的访问权限，是一种非常高效的管理方法。基于任务的访问控制模型的主要思想是将用户的访问权限与其角色和任务相关联。在图书馆的网络环境下，不同用户可能有着不同的角色，比如学生、教职工、研究人员等。每个用户角色需要访问的资源也不尽相同，因此根据用户的角色和任务，分配相应的访问权限，能够更加精确地控制用户对资源的访问。例如，学生可能只能访问特定的学术数据库和电子图书，而教职工需要拥有更广泛的访问权限。此外，图书馆网络访问管理还需要对互联网的使用进行规范和管控。在图书馆的网络环境下，非法下载、网络攻击、病毒传播等现象是不可容忍的，因此需要制定相关规定和措施，禁止这些行为的发生。图书馆可以通过网络安全设备和软件来监控网络流量，以及实施网络入侵检测和配置防火墙等措施，确保网络安全。此外，加强用户教育和培训，增强用户对网络安全的意识，也是非常重要的措施之一。保护用户的隐私和数据安全同样也是图书馆网络访问管理的重要任务。图书馆作为信息资源的提供者，用户的隐私和数据安全是其应尽的责任。为了保护用户的隐私，图书馆应采取相关措施，比如加密用户的个人信息、限制对用户个人信息的访问权限等。此外，定期进行系统维护和升级，修复漏洞和弱点，保证系统的安全性和稳定性，也是非常重要的。图书馆可以聘请专业的网络安全团队，对系统进行全面的安全评估和漏洞扫描，及时处理发现的安全漏洞。

第四章　图书馆阅读推广的理论与实践

一、阅读推广的概念与目标

阅读推广是一个广泛的过程，它致力于通过各种方式和手段，激发人们的阅读兴趣，提高他们的阅读能力和素养，培养他们的阅读习惯。阅读推广的对象不仅包括对儿童、青少年和成人的阅读教育，还包括对特殊群体，如残障人士、老年人等的阅读关怀。阅读推广的目的是让更多的人享受到阅读的乐趣，获得知识和信息，提升个人素质和生活质量。在这个过程中，阅读推广的定义不仅仅局限于书籍的阅读，也包括对各类文献、资料的学习和了解。它的形式可以是多种多样的，例如读书俱乐部、读书沙龙、阅读分享会、网络阅读论坛等。阅读推广的意义首先在于能够提高人们的综合素质。通过阅读，人们可以获取知识、开阔视野、提升思维品质，从而更好地应对生活中的各种问题。此外，阅读还能提高人们的审美情趣和人文素养，使人们在精神层面上得到更多的满足和提升。其次，阅读推广能够增强民族凝聚力和创造力。阅读是一个民族文化传承和发展的重要途径，通过推广阅读，可以增强人们对本民族文化的认同感和自豪感，进而增强民族凝聚力。同时，阅读也能促进人们的思考和创新，激发人们的创造力和想象力，从而推动社会进步和发展。阅读推广还能够促进社会进步和谐发展。在信息化社会，信息传播的速度越来越快，人们获取信息的渠道也越来越多样化。通过推广阅读，可以帮助人们更好地理解和应对社会变化，促进社会和谐发展。此外，阅读还能帮助社区居民建立良好的人际关系，增强社区凝聚力，从而促进社区的和谐发展。阅读推广也是建设学习型社会、实现终身教育的重要途径。在知识经济时代，学习已经不再是一个阶段性的任务，而是一个持续不断的过程。通过推广阅读，可以帮助人们养成终身学习的习惯，进而建立学习型社会，使终身教育成为可能。

阅读推广的目标是为了让更多的人参与阅读活动，增加阅读的普及率。通过阅读推广，可以提高全民素养水平，培养人们的阅读能力，使人们掌握更多的知识和技能，从而建立起一个学习型的社会。而实现这一目标的任务主要包括以下三个方面。一是激发人们的阅读兴趣。人们只有对阅读感兴趣，才会主动参与阅读活动。因此，阅读推广需要通过各种方式激发人们的阅读兴趣，例如举办文学活动、推荐优秀的图书、开设读书沙龙等。通过这些活动，可以吸引更多人来参与阅读，并培养起持久的阅读习惯。二是提高人们的阅读能力和素养。阅读是获取知识和信息的重要途径，因此，提升人们的阅读能力非常重要。阅读能力包括识字水平、阅读理解能力、信息筛选能力和综合运用能力等。通过开展阅读培训和推广活动，可以帮助人们提高这些能力，并将阅读所获得的知识和信息应用到生活和工作中。人们只有不断提高阅读能力和素养，才能更好地适应现代社会的发展需求。三是推广阅读资源和改善阅读环境。阅读资源的质量和丰富度直接影响到人们的阅读体验和兴趣。因此，阅读推广需要加大对图书馆、书店等阅读场所的建设和投入。同时，也需要推广数字阅读平台和在线图书资源，方便人们随时随地获取阅读资源。此外，改善阅读环境也是阅读推广的重要任务之一。通过创建阅读友好的环境，例如建设公共阅读区域、增设舒适的座位、提供良好的照明设施等等，可以让人们更加愿意参与阅读活动。

二、阅读推广的理论研究与方法探索

阅读推广是一个跨学科领域，涉及教育学、心理学、社会学和传播学等学科的理论基础。教育学理论主要关注培养阅读能力和养成阅读习惯的方法和策略。以教育学为切入点进行研究，可以了解到如何帮助学生提高他们的阅读技能，并引导他们培养良好的阅读习惯。心理学理论主要研究阅读过程中的认知发展和情感体验。心理学家通过观察和实验证据，探究人们在阅读过程中是如何理解和运用语言信息的。这些研究有助于更好地了解读者阅读的心理过程，从而为阅读推广提供科学依据。社会学视角强调阅读对社会个体和文化传承的影响。社会学家研究阅读在社会中的角色和功能，探索阅读与社会发展之间的关系。他们关注阅读对个体的社会化和身份建构的作用，以及阅读对文化传承和社会变迁的影响。传播学关注阅读信息的传递和交流。传播学家研究人们如何获取、处理和传播阅读信息，以及阅读对社会舆论和意识形态的影响。他们研究媒体和技术对阅读推广的作用，以及如何利用传播渠道来促进阅读推广。在阅读推广的研究中，常常采用定性和定量相结合的方法。定性研究通过案例分析、访谈和实地观察等方法，深入了解阅读推广的实践情况和效果。通过定性研究，可以了解不同背景和环境下的阅读推广策略的有效性和可行性。定量研究则通过问卷调查、测试等手段，收集大量的数据以进行量化的分析和评估。通过定量研究，可以统计和分析人们在阅读习惯、阅读理解能力等方面的差距，进而找到针对不同群体的阅读推广策略。此外，实验研究方法也常常被用来探究不同阅读策略和活动对阅读行为的影响。通过实验研究，可以对特定的阅读策略进行验证，并从中得出结论，为实践提供指导。

　　阅读推广的策略和手段是多种多样的，旨在以不同的方式激发和维持读者的阅读兴趣。在策略方面，可以分为直接推广和间接推广两种方式。直接推广主要通过一些形式，例如文学讲座、读书会和阅读分享会等，直接推动并促进读者阅读。这些活动可以邀请知名作家、学者、专家等来给读者讲述有关阅读的重要性、阅读技巧和阅读体验方面的内容，从而引起读者的兴趣，并且给他们带来新的阅读启迪。此外，还可以组织读书会和阅读分享会，让读者们能够互相分享自己的阅读心得和体验，从而激发彼此的阅读热情。而间接推广则是通过改善阅读环境、提升图书质量、创建阅读品牌等方式，来间接引导和鼓励读者阅读。首先，改善阅读环境意味着在学校、图书馆、社区等地方创造一个舒适和有利于阅读的环境，例如提供舒适的座椅和灯光，布置吸引人的阅读角落等。这样能让读者在阅读过程中感到放松和舒适，从而更容易集中注意力。其次，提升图书质量是非常重要的，通过提供优质的图书作品，包括经典文学作品、科普读物、通俗读物等，让读者们能够有更多选择，并且找到自己感兴趣的书籍。最后，创建阅读品牌也有助于阅读推广，即将阅读推广与某个特定的形象或主题相结合，从而形成一种品牌效应。例如，推出某个作家的系列图书、主题图书展览等，这样能更好地吸引读者并增加他们的阅读兴趣。在手段方面，除了传统的纸质图书推广外，现代技术手段也被广泛应用于阅读推广。首先，电子图书是目前非常受欢迎的一种形式，这些电子书籍可以通过各种电子设备来阅读，如电子阅读器、手机、平板电脑等。电子图书具有便携性和便利性的优势，读者可以随时随地进行阅读，而不受时间和地点的限制。其次，移动应用也是一种非常重要的推广手段，例如通过阅读应用程序，读者可以在线阅读各种书籍，包括小说、杂志等，还可以进行书评交流、阅读推荐等互动。此外，还可以设立在线阅读社区，这些社区为读者提供了一个分享和交流的平台，读者们可以在这里发布自己的读书笔记、评论、书单等，与其他读者互动并获取阅读灵感。同时，学校、图书馆、出版机构、媒体及社会组织等多方面力量也共同参与阅读推广，形成了多元化的推广格局。学校可以在课程中加入阅读相关的内容，同时组织各种阅读活动，鼓励学生培养阅读习惯。图书馆可以举办各种阅读推广活动，并购买和收藏丰富多样的图书，满足读者的阅读需求。出版机构可以出版各类优质图书，为读者提供更多选择。媒体可以通过宣传和报道阅读相关的书籍和活动，增强公众的阅读意识和兴趣。社会组织可以组织各种阅读活动，如书籍捐赠、读书义演等，促进阅读事业的发展。

为了确保阅读推广活动的质量和效果，对其进行科学、全面的评估显得尤为重要。评估阅读推广活动的效果，不仅有助于了解活动的实施情况，更是检验活动成功与否的重要手段。评估阅读推广活动的效果，通常需要从过程评估和成果评估两个方面来进行。过程评估主要关注活动实施的过程和参与者的反应，旨在通过参与者的反馈和现场观察，评估活动的吸引力和组织效率。在这一过程中，组织者应当关注活动的每一个环节，从活动的策划、宣传、实施到总结，每一个步骤都应当进行细致的记录和分析。同时，对参与者的反应进行评估，可以了解他们对活动的满意度，从而为今后的活动提供改进方向。成果评估则侧重于活动的长期效果，主要包括阅读习惯的改变、阅读能力的提升和文化素养增进等方面。成果评估的目标是了解活动是否达到了预期的效果，是否长期对参与者的阅读习惯和能力产生了积极的影响。对此，组织者应关注参与者阅读习惯的变化，如阅读频率、阅读时间的增加等；同时，还需关注参与者阅读能力的提升，如阅读速度、理解能力的提高等；文化素养的提高也是评估的重要内容，如对文学、历史、哲学等方面的了解和思考能力的提升。为了全面、客观地评估阅读推广活动，组织者可以采用多种评估手段。问卷调查是一种成本较低、操作简便的评估手段，通过设计详尽的问卷，可以收集到参与者的基本信息、活动满意度、阅读习惯变化等方面的数据，为评估活动效果提供依据。测试则是一种较为客观的评估手段，通过阅读测试，可以了解参与者在活动前后的阅读能力变化，从而评价活动对阅读能力的提升效果。深度访谈和案例研究则有助于深入了解活动的具体影响和不足。通过与参与者进行一对一的访谈，组织者可以了解到他们对活动的真实感受，以及活动对他们阅读习惯、阅读能力、文化素养等方面的具体影响。同时，通过对典型案例的深入研究，可以挖掘活动的成功经验和不足之处，为今后活动的策划和实施提供有益的借鉴。在实际评估过程中，组织者应当综合运用多种评估手段，从不同角度、不同层面全面评估阅读推广活动的效果。此外，组织者还应当注意评估的持续性，即在活动开展的前期、中期和后期，都应当进行评估和总结，以便及时发现问题，调整活动策略。同时，评估结果应当及时反馈给参与者，让他们了解活动的效果，进一步提高他们的参与度和满意度。

三、图书馆阅读推广活动的策划与评估

图书馆阅读推广活动的策划工作，是确保各项活动能够高效进行并达到预期目标的关键环节。在这一过程中，策划者需要对活动的各个方面进行细致入微的考虑和规划，从而保证活动的顺利进行并产生深远影响。一是明确活动目标。推广活动的策划始于对活动目标的确立。活动目标是指导整个活动策划的方向和核心，它可以是增加图书馆的注册读者数量，提高图书的借阅率，提升读者对图书馆服务的满意度，或者是推广特定的阅读理念和价值观等。只有对活动目标有了清晰的认识，策划者才能据此制定出切实可行的策略和活动方案。二是分析目标群体。了解和把握目标群体的特点和需求，是活动成功的保证。不同的群体有着各自的阅读习惯和喜好，因此，策划者应根据不同的目标群体，定制化地设计推广活动。例如，对于学生群体，可以策划一些富有创意的阅读竞赛、主题展览或者读书会等活动，以激发他们的阅读兴趣；而对于家长群体，则可以举

办亲子阅读活动，通过家庭阅读的方式，增强家长和子女之间的亲情交流，同时培养孩子们的阅读习惯。三是制定详细活动方案。活动方案是实现活动目标的具体行动指南。策划者应根据已确定的活动目标和对目标群体的分析，制定出详细的活动方案，包括活动的时间、地点、内容、参与方式等。此外，活动方案还应注重互动性和趣味性，可以设置多样的互动环节，吸引更多的参与者积极参与进来。四是合理分配预算。活动方案的实施需要相应的财力支持，因此，合理确定活动预算至关重要。策划者应对活动方案中列出的各项支出，包括场地租赁、活动材料、宣传推广等费用，进行合理的预算安排，确保预算既能满足活动的需求，又不会超出图书馆的财务能力。五是精心设计宣传推广。宣传推广是扩大活动影响力、吸引更多参与者的重要手段。策划者应根据活动的特点和目标群体的需求，设计富有吸引力的宣传材料，并通过多种渠道进行宣传。例如，可以利用社交媒体、学校通信、海报、传单等方式，将活动信息快速地传递给潜在的参与者。六是充分准备人力资源。活动成功的关键在于有一支高效、专业的团队来执行。策划者应根据活动的规模和需求，确定所需的工作人员，并为他们分配明确的工作任务。同时，策划者还应关注工作人员的培训和激励，确保他们能够以良好的服务态度和专业素质，为参与者提供优质的阅读服务和建议。

图书馆阅读推广活动的执行与监控是保证活动顺利进行并实现预期

目标的关键环节。在这一过程中，需要注意以下几个方面的问题。一是活动执行。需要工作人员按照策划方案的具体要求，精心组织好活动的每一个环节。其中包括对活动场地的选择与布置、活动所需材料的准备、参与人员的安排等。在这些准备工作完成后，还需要对整个活动流程进行详细的梳理，确保活动能够顺利进行。同时，也要对参与活动的人员进行培训，使他们能够充分了解活动目的、活动流程以及自己在活动中的角色和职责，从而保证活动有序进行。二是及时调整。在活动进行的过程中，要密切关注参与者的反馈和需求，及时调整活动内容和形式。这一点至关重要，因为只有真正满足了参与者的需求，才能使活动达到预期的效果。为了了解参与者对活动的评价和建议，可以通过问卷调查、面谈等方式进行收集。并根据这些反馈对活动进行相应的调整，使其更加符合参与者的期望。三是监控活动进度。在活动进行的过程中，要确保活动按照计划进行，及时发现并解决可能出现的问题。为了实现这一目标，可以制定一份详细的活动流程表，对活动的各个环节进行监控。通过这种方式，可以及时发现并解决活动中可能出现的突发状况，确保活动的顺利进行。四是提供优质服务。在活动期间，要提供良好的服务，确保参与者的需求得到满足。这就要求工作人员要有耐心、态度友好，并为参与者提供必要的帮助和指导。无论是活动现场的布置，还是对参与者的接待，工作人员都需要以积极主动的态度去完成，力求为参与者提供一个舒适、愉悦的活动环境。

活动结束后，为了解活动是否达到预期目标和预期效果，需要对活动的效果进行评估。一是数据统计和分析。可以对活动的相关数据，包括参与人数、借阅量、社交媒体上的讨论和关注度等进行统计和分析。通过数据可以了解活动的影响力和参与度。比如，可以统计参与者的数量，借阅图书的数量以及活动在社交媒体上的传播情况，从定量的角度上评估活动的效果。二是参与者反馈收集。可以通过问卷调查、面谈等方式收集参与者的反馈。通过参与者的反馈，可以了解他们对活动的评价、满意度和建议，以便在今后的活动策划中改进活动质量和效果。例如，可以询问参与者活动的内容是否有趣、有用，以及他们未来是否有继续参加类似活动的意愿等。三是目标达成情况评估。即对比活动前设定的目标，评估活动是否达到预期目标。例如，如果活动的目标是增加借阅量，可以通过数据统计和参与者反馈来评估借阅量是否有所增加。如果目标未能达到，可以通过分析数据和参与者反馈，找出原因并针对性地提出改进方案。四是效果总结和分析。根据数据统计和参与者反馈，进行活动效果的总结和分析。总结活动的优点和不足之处，并提出改进的建议，以便为今后更好地策划类似活动提供参考依据。

四、图书馆阅读推广的创新与发展

在数字化浪潮席卷全球的今天，图书馆作为知识的殿堂，正面临着一个既要传承也要创新的时代命题。在这个充满变革的时代背景下，图书馆阅读推广活动如何适应数字化时代的发展需求，如何在信息的海洋中有效地引导读者尤其是青年一代找到阅读的乐趣，成了一个迫切需要解答的问题。这就要求图书馆员和阅读推广者们不断探索和实践新的阅读推广形式与方法，以激发读者的阅读热情，提高图书馆服务的质量和效率。首先，社交媒体的兴起为图书馆阅读推广提供了新的舞台。在社交媒体上，图书馆可以不再是单一的信息提供者，而是变成了一个互动的平台。通过直播、微博、微信等多样化方式，图书馆可以与读者进行实时互动，分享阅读心得，推荐好书，甚至可以组织线上读书会，让读者无论身在何处都能参与到阅读的行列中来。同时，社交媒体的数据分析功能还可以帮助图书馆更好地了解读者的阅读习惯和偏好，从而提供更加精准的阅读推荐，实现个性化服务。随着科技的不断发展，增强现实（AR）和虚拟现实（VR）等新技术为阅读推广提供了新的可能。通过 AR 和 VR 技术，图书馆可以创造沉浸式的阅读体验，让读者仿佛置身于书中的世界。例如，借助 AR 技术，读者在阅读一本关于古埃及的历史书籍时，可以在虚拟环境中亲身体验古埃及的风土人情，观看文物古迹的三维模型，感受历史的氛围。这种全新的阅读方式不仅增加了阅读的趣味性，也极大拓宽了读者的阅读视野。图书馆还可以通过举办各类主题阅读活动，如文学沙龙、作者见面会、读书讲座等，吸引不同年龄层、不同领域的读者参与。通过与知名作者的交流，读者可以更深入地了解书籍背后的故事，激发阅读兴趣。而文学沙龙等形式，则为读者提供了一个交流思想、分享感悟的平台，有助于培养读者的批判性思维和创造性思考能力。图书馆还可以根据不同群体的特点，设计有针对性的阅读推广活动。例如，对于儿童读者，图书馆可以举办绘本书展、亲子阅读活动，通过游戏和互动故事会等形式，培养儿童的阅读兴趣和语言表达能力。对于青少年读者，可以通过科普阅读、历史阅读等主题阅读活动，引导他们探索未知、了解世界。对于成年读者，可以通过专业书籍的阅读会，帮助他们提升专业素养，拓宽知识领域。在阅读推广活动中，图书馆还应当注重版权保护，尊重作者的知识产权。在推广书籍的同时，图书馆应积极宣传版权知识，教育读者尊重正版，合法使用数字化资源。通过这样的实践，图书馆不仅能发挥其传承文化的功能，还能在知识产权保护方面起到积极的引领作用。

为了保持阅读推广活动的活力和吸引力，图书馆需要不断创新活动内容与形式。一方面，可以举办各类主题阅读活动，如根据重大节日或纪念日策划相应的阅读主题，如世界读书日、儿童读书周等，这样可以激发读者的阅读兴趣并丰富其文化生活。此外，图书馆还可以根据时下热点话题策划相关的阅读活动，例如举办关于环保、人权、科技、艺术等的阅读展览和座谈会，让读者了解和关注当下社会重要议题。除了主题阅读活动外，图书馆可以与学校、出版社、文化机构等合作，共同举办作家见面会、讲座和研讨会等活动，邀请知名作家、学者分享他们的知识和经验，以此激发读者的思考和讨论。这样的活动不仅可以拓展读者们的阅读视野，还可以促进作家与读者之间的交流和互动，为读者们提供更多的学习机会。同时，图书馆还可以通过市集、艺术展览等形式，将阅读与文化创意产品、手工艺品等相结合，打造独特的阅读体验空间。比如，可以在图书馆内设置特色书店，供读者购买与阅读内容相关的文创产品和手工艺品。此外，图书馆还可以举办艺术展览，展示当地艺术家的作品，为读者提供一个欣赏艺术品的场所。这样的活动不仅可以丰富读者的阅读体验，还能让读者感受到艺术的魅力，拓宽他们的文化视野。为了提升阅读活动的吸引力，图书馆还可以利用科技手段进行创新。例如，可以引入虚拟现实技术，让读者在虚拟的场景中体验书中的故事，以增强阅读的趣味性和互动性。此外，图书馆还可以建立在线书评平台，读者可以在阅读后发布自己的感受和评价，与其他读者进行交流和讨论。这样的互动平台不仅可以加深读者对书籍的理解和思考，还可以增加读者之间的联系和交流。图书馆还可以利用社交媒体等网络平台，宣传推广阅读活动，并与读者进行互动。例如，可以在图书馆的微博、微信公众号等社交媒体平台上发布活动信息和阅读推荐，吸引更多读者参与。同时，图书馆还可以开设在线读书俱乐部，通过线上讨论和分享读书心得，让读者在虚拟的空间中与书友获得实质的交流和思想碰撞。除了创新活动内容和形式，图书馆还应该关注服务体验的提升。可以提供舒适阅读环境，设立休息区和儿童区，为读者创造适宜的阅读氛围。此外，图书馆还可以开展读者教育活动，如阅读指导、文献检索培训等，提升读者的阅读能力和信息素养。同时，图书馆还可以建立读者意见反馈渠道，定期收集读者的意见和建议，以此改进服务质量，满足读者的需求。

在图书馆阅读推广领域，跨界合作同样具有巨大的潜力，可以帮助图书馆实现资源共享、优势互补，为读者提供更加丰富、多元化的阅读体验。图书馆可以与学校、教育机构进行跨界合作，开展阅读教育项目。通过与学校、教育机构合作，图书馆可以为学生提供更加系统、全面的阅读推广服务。例如，图书馆可以与学校合作开设阅读课程，通过课堂教学和课外活动相结合的方式，培养学生的阅读兴趣和习惯。此外，图书馆还可以为学校提供丰富的图书资源，并与学校共同组织各种形式的阅读活动，如读书会、故事会、读书分享会等，激发学生对阅读的热情。其次，图书馆可以与出版社、书店建立合作关系，进行图书推荐和图书交换活动。通过与出版商、书店合作，图书馆可以获得更多的图书资源，丰富馆藏，同时也可以将图书推荐给更多的读者。此外，图书馆还可以与书店合作开展交换阅读活动，鼓励读者之间进行图书交换，让更多的书籍流动起来，使更多的读者受益。除了与文化、教育领域的单位跨界合作，图书馆还可以尝试与其他领域的机构进行合作，如科技公司。近年来，随着科技的不断发展，智能设备、应用程序等已经成为人们日常生活的重要组成部分。因此，图书馆可以与科技公司合作，开发阅读应用程序和智能阅读设备，为读者提供更加便捷、高效的阅读方式。例如，图书馆可以开发一款智能阅读应用，该应用可以为不同读者推荐适合的图书，提供在线阅读服务、阅读笔记分享等功能，以提高读者的阅读体验。图书馆还可以尝试与其他领域的机构进行跨界合作，如商业机构和非政府组织等。例如，图书馆可以与电影院合作，将电影与原著书籍结合，举办观影＋阅读活动；与企业合作开展员工阅读计划，提高员工素质和团队凝聚力；与非政府组织合作开展公益阅读活动，为弱势群体提供阅读机会和资源。

第五章　科学化图书馆管理与社区合作

一、图书馆与社区的互动与合作模式

在当今社会，图书馆与社区的合作日益紧密，这种合作不仅丰富了图书馆的功能，也为社区的发展注入了新的活力。从多个维度来看，图书馆与社区的合作模式呈现出多样化的特点，它们相互交织，共同构成了一个充满活力的网络。首先，图书馆与社区非营利组织的合作是这种多样化合作的一个重要方面。非营利组织在社区服务中扮演着重要的角色，它们致力于解决各种社会问题，提高社区居民的生活质量。图书馆作为重要的公共资源，可以为这些非营利组织提供宝贵的信息咨询和资源支持。例如，图书馆可以与社区健康中心合作，共同开展健康知识普及活动，为社区居民提供健康咨询服务，帮助人们更好地了解和维护自己的健康。图书馆与社区居民的个体互动也是图书馆与社区合作的一个重要方式。图书馆可以举办各种社区讲座和培训活动，提供各种知识学习的机会。这些活动不仅可以帮助居民学习新知识，提高自身素质，也可以增进图书馆与居民之间的联系，使图书馆更好地了解居民的需求，从而提供更贴心的服务。图书馆还可以通过组织社区活动，为社区居民提供一个交流互动的平台。例如，图书馆可以设立读书俱乐部，组织居民们一起阅读和讨论书籍。这样的活动不仅可以帮助居民培养阅读习惯，提高文化素养，也可以促进居民之间的交流和互动，增强社区的凝聚力。图书馆还可以与社区政府合作，共同推动社区的建设和发展。图书馆作为知识和信息的传播中心，可以收集和整理社区居民的意见和建议，为社区政府的决策提供参考。同时，图书馆也可以与社区政府合作开展各种公共项目，共同推动社区的发展。

图书馆与社区的信息共享和资源整合，是一种互动与合作的重要方式。在整合过程中，图书馆作为信息的集散地，起着至关重要的作用。它可以通过整合各类信息资源，为社区居民提供更加便利的访问途径。图书馆可以主动收集社区内的各类信息资源，如社区新闻、社区活动信息、社区专业知识等，将这些信息资源进行整合，形成一个社区信息数据库。这样一来，社区居民就可以通过图书馆的网络平台或者特定服务窗口，方便快捷地获取自己关心的信息。例如，居民们可以通过图书馆了解社区的最新动态，如即将举办的活动、社区工作进展等，从而更好地参与到社区的各项事务中去。图书馆也可以与社区内的其他机构和组织进行信息资源的互换和共享。这种合作模式，可以让图书馆获得更多元化的信息资源，同时也能拓宽其服务范围。例如，图书馆可以与社区学校建立合作关系，通过互相提供对方所需的信息资源，达到资源整合的目的。图书馆也可以与企业合作，为企业员工提供专业知识的培训和服务，同时也为企业提供有关企业文化、产品信息等资源。图书馆还可以通过数字化技术，将图书馆的实体资源进行数字化处理，为读者提供在线访问服务。这样一来，社区居民就可以不受时间和地点的限制，随时随地通过图书馆的在线平台，获取图书馆的资源。这种服务模式，不仅提高了图书馆资源的利用率，也使得图书馆的服务更加便捷化、人性化。

在信息共享和资源整合的过程中，图书馆还需要注重服务的针对性和实用性。图书馆可以根据社区居民的需求，提供定制化的信息资源和服务。例如，针对社区居民的兴趣爱好，图书馆可以组织相关的阅读活动、讲座等；针对社区学校的教学需求，图书馆可以提供相关的教学资源和服务。通过这种方式，图书馆不仅可以满足社区居民的需求，也可以提升图书馆的社会价值。同时，图书馆在信息共享和资源整合的过程中，还需要注重公平性和普及性。图书馆应该确保社区居民都能够享受到信息资源和服务，特别是对于那些信息获取能力较弱的群体，如老年人、儿童等，图书馆更应该提供更加贴心的服务和帮助。例如，图书馆可以为老年人提供专门的信息服务窗口，为儿童提供有趣有益的阅读材料等。

图书馆与社区之间的合作已经不再仅仅停留在信息共享和资源整合的层面，双方更可以通过深度的项目合作和积极推动，为社区的发展注入新的活力。这样的合作不仅能提高社区居民的文化素养，也能推动社区的经济发展和居民环保意识的提升。图书馆可以与社区携手开展一系列文化传承和创意产业项目。具体来说，图书馆可以与当地的文化机构紧密合作，举办一系列传统文化展览和演出，让社区居民能够近距离地欣赏和体验到各种传统艺术形式。这些活动不仅能丰富社区居民的精神生活，还能让传统文化得到更好的传承和发扬。此外，图书馆还可以与社区合作举办一些创意产业活动，如手工艺品制作比赛、文化创意产品展示等，为社区居民提供一个展示自己创意和才华的平台，同时也为当地的创意产业发展注入新的活力。图书馆还可以与社区合作开展一系列创业培训和就业推荐项目。图书馆作为知识和信息的传播中心，一直以来都在为社区居民提供各种学习和培训的机会。现在，图书馆可以将这些资源进一步整合，为社区居民提供更全面、更实用的创业培训和就业信息。例如，图书馆可以与当地的企业合作，组织一些创业讲座和培训课程，为有创业意愿的社区居民提供实用的创业指导。同时，图书馆还可以利用自身的资源优势，为社区居民提供一些就业推荐和职业指导服务，帮助他们更好地规划自己的职业生涯。这样的合作不仅能提高社区居民的就业率，还能促进当地的经济发展。此外，图书馆还可以与社区合作开展环境保护和可持续发展项目。

随着环保意识的不断提高，越来越多的人开始关注身边的环境问题。图书馆可以利用自身的资源优势，组织一系列环保活动，增强社区居民的环保意识。例如，图书馆可以组织社区居民参与一些环境保护行动，如垃圾分类宣传活动、环保知识讲座等，让社区居民能够亲身参与到环保工作中来。这样的活动不仅能增强社区居民的环保意识，还能促进当地的可持续发展。图书馆与社区的合作还可以进一步扩大到教育、医疗、公共安全等多个领域。图书馆可以利用自身的资源优势和信息传播的优势，为社区提供更多、更全面的公共服务。例如，图书馆可以与当地的教育机构合作，为社区居民提供更多的学习资源和学习机会；也可以与医疗机构合作，提供一些健康教育和医疗咨询的服务；还可以与公安部门合作，提供一些公共安全宣传和预防犯罪宣教活动。这些合作不仅能提高社区居民的生活品质，也能促进图书馆自身的转型和发展。

二、图书馆服务的社区化定位与策略

（一）图书馆服务定位与目标设置

图书馆的服务定位是指图书馆应当明确自身在社会中扮演的角色，以及为了满足社会需求而形成的服务类型。这一定位不仅关系到图书馆的发展方向，也直接影响到图书馆的服务质量和效益。首先，社区图书馆的服务定位应当以满足社区居民的需求为核心。社区图书馆作为社区文化的重要组成部分，其首要任务就是为社区居民提供图书借阅、信息查询、阅读指导等服务，满足居民的学习需求。此外，社区图书馆还应当承担起促进文化交流的责任，通过举办公共阅读活动、作者见面会、文化讲座等形式，丰富社区居民的精神文化生活，增强社区的凝聚力。社区图书馆的服务定位还应当包括提供学习空间。在知识经济时代，学习已经成为人们日常生活的重要组成部分。社区图书馆作为公共学习空间，应当为社区居民提供舒适的学习环境、丰富的学习资源以及个性化的学习服务。此外，社区图书馆还应当关注社区的不同人群，如儿童、青少年、老年人等，为其提供有针对性的学习服务。图书馆服务的目标设立应当与社区的需求和发展相适应。社区的需求和发展是多方面的，图书馆服务的目标也应当是多元化的。例如，对于城市社区，图书馆可以设置提高借阅率、提供多样化的文化活动、提高居民对图书馆的满意度等工作目标。而对于农村社区，图书馆可以设立提供基本教育和职业培训、推广科技知识、促进农村文化发展等目标。在设定图书馆服务目标时，需要考虑到目标的实施和评估。图书馆应当根据社区的需求和发展，制定切实可行的目标，并定期进行评估和调整。通过评估，图书馆可以了解服务效果，发现问题所在，从而对服务目标进行调整，以更好地满足社区的需求。

（二）图书馆服务的社区需求调研和分析

在现代社会，图书馆已经不仅仅是一个简单的藏书和借书的场所，更是成为了社区文化交流、知识传播、教育推广的中心。因此，为了更准确地确定图书馆的服务定位和策略，需要进行社区需求调研和分析。这样，才能更好地满足社区居民的需求，提升图书馆在社区中的影响力。社区调研是了解社区居民需求和期望的重要手段。可以通过问卷、访谈、焦点小组讨论等方式进行调研，以获取社区居民对图书馆服务的真实反馈。问卷调查可以覆盖更广泛的受众，让更多的人参与到调研中来；而访谈和焦点小组讨论则可以更深入地了解社区居民的需求和期望，从而为图书馆的服务改进提供更有针对性的建议。调研内容可以包括对图书馆的服务、设施、文化活动等方面的评价和建议，以及对未来发展方向的意见和期望。社区居民对图书馆服务的评价可以帮助了解服务的优点和不足，从而进行针对性的改进；对设施的评价可以了解社区居民对图书馆硬件设施的需求，以便进行相应的改善；对文化活动的评价可以了解社区居民的兴趣爱好，从而举办更多符合他们口味的文化活动；对未来发展方向的意见和期望则可以指明图书馆发展的方向，使图书馆更好地服务于社区。通过社区需求调研和分析，可以了解到社区居民的兴趣爱好、学习需求、文化习惯等。例如，如果社区居民对某种特定的文化活动有较高的兴趣，可以提高相关活动的举办频率或者推出相应的专题图书馆馆藏，以满足他们的需求。此外，需求调研和分析还可以帮助发现社区居民的新需求和新期望。随着社会的发展和科技的进步，社区居民的期望也在不断变化。如果不能及时了解和满足这些新需求，就可能失去一部分服务对象，影响图书馆的发展。因此，通过需求调研和分析，可以及时了解社区居民的新需求和新期望，从而调整图书馆的服务策略，提升图书馆的服务质量。在进行社区需求调研和分析的过程中，需要注意保护社区居民的个人隐私，确保调研结果的准确性和可靠性。同时，还需要对调研结果进行深入分析，提炼出有价值的信息，为图书馆的服务改进和发展提供依据。此外，还需要及时向社区居民反馈调研结果，让他们了解到图书馆服务的改进和发展情况，增强他们对图书馆的信任和支持。

（三）图书馆服务的社区化方案与策略

一是提供多样化的文化活动。为了吸引更多的社区居民参与，根据社区居民的需求和兴趣，图书馆应设计和推出多样化的文化活动，如讲座、展览、演出等。通过深入了解社区居民的文化喜好和需求，切实满足其多元化的参与需求，以增强社区居民对图书馆服务的认同感。此外，图书馆还可以与其他社区组织或机构合作，共同举办活动，扩大影响力，提升社区文化氛围。二是建立合作伙伴关系。为了更好地推进文化教育事业，图书馆应与社区教育机构、文化组织、社会团体等建立合作伙伴关系。通过与这些机构的合作，图书馆可以与其互相借鉴经验和资源，提升服务质量和效果。合作伙伴可以为图书馆提供丰富的文化资源和活动内容，让社区居民在图书馆中获得更多元化的服务和体验。三是开展社区义工服务。为了增进社区与图书馆的联系和互动，图书馆可以鼓励社区居民参与图书馆的日常管理和服务，开展社区义工服务。义工可以参与图书馆馆藏整理、活动策划和服务指导等工作，承担一部分图书馆的运营工作。通过义工服务，图书馆可以更好地了解社区居民的需求和意见，并及时调整和优化服务方案。四是提供定制化的服务。为了满足社区居民的多样化需求，图书馆应根据社区居民的需求和特点，提供定制化的服务和资源。例如，针对不同年龄段的读者，可以提供相应的图书馆服务，如儿童阅读推广、青少年学习辅导等。此外，还可以通过社区调研和反馈，根据居民的反馈意见，不断改进和完善图书馆的服务项目和内容。五是加强数字化服务。随着数字技术的发展，图书馆可以通过提供数字化资源和服务来满足社区居民的需求。可以开设数字阅读服务，提供在线图书馆平台等，让社区居民可以方便地在家中享受图书馆的服务。通过数字技术的应用，图书馆能够扩大服务范围，增加服务的便捷性和灵活性。此外，还可以通过在线社区活动、线上学习平台等方式，为社区居民提供更多的数字化文化体验和知识分享。

三、图书馆与社区参与型项目的实施

图书馆作为社区的文化中心、智慧资源的宝库，承担着为社区提供知识、信息、学习等服务的重要职责。图书馆在社区发展中扮演着举足轻重的角色，它既是社区居民获取知识的源泉，也是促进社区和谐、提升社区居民文化素质的重要阵地。因此，图书馆应积极参与社区服务项目的选择与规划，以更好地服务于社区，推动社区的发展。图书馆在选择参与社区项目时应充分考虑社区的需求和特点。每个社区都有其独特的文化背景、人口结构和发展需求，图书馆应深入了解这些特点，才能提供真正符合社区需求的服务。如果一个社区老年人较多，图书馆可以考虑开展针对老年人的健康知识讲座、电脑技能培训等服务项目，帮助老年人提高生活质量，融入现代社会。如果社区有很多青少年，图书馆可以开展青少年读书俱乐部、写作比赛、科普讲座等服务项目，以提高青少年的阅读兴趣和能力，培养他们的创新精神和实践能力。图书馆在选择项目时还应结合自身的资源和能力。图书馆应充分了解自身的资源优势、人才优势和技术优势，以便在项目选择中发挥自身优势，为读者提供高质量的服务。例如，如果图书馆有丰富的数字化资源，可以考虑开展线上阅读推广活动，让更多社区居民受益。如果图书馆有专业的馆员团队，可以考虑开展各类培训、讲座等活动，提升社区的文化氛围。图书馆还应充分调研并与社区进行沟通，了解居民的需求。通过开展问卷调查、座谈会、实地考察等方式，深入了解社区居民的需求，并根据需求制订相应的项目计划。这样，图书馆的服务才能更具针对性和实效性，以更好地满足社区居民的需求。在规划项目时，图书馆应与社区居民、社区组织和其他相关利益相关者进行合作。图书馆是一个开放的公共平台，只有与社区各方开展紧密合作，才能更好地了解社区的期望，制定出符合社区实际情况的项目计划。例如，图书馆可以与社区教育机构、企事业单位、民间组织等建立合作关系，共同开展各类活动，提升社区居民的整体素质。同时，图书馆还可以借鉴其他类似社区项目的经验和做法，确保项目的可行性和有效性。图书馆应善于总结自身和他人的经验，不断探索和创新，以期在项目规划中找到最适合社区发展的路径。此外，图书馆还应注重项目的评估和反馈，通过持续监测效果，及时调整和优化项目计划，确保项目能够长期有效地服务于社区。在社区参与型项目中，图书馆的作用是多方面的，其角色和职责的重要性不容忽视。首先，图书馆作为信息和知识的集散地，为社区居民提供丰富的学习资源和智力支持是其在社区项目中的基础性作用。作为信息和知识中心，图书馆拥有丰富的图书、资料和数据库资源，这些都是项目实施过程中不可或缺的支撑。图书馆不仅提供图书借阅服务，还会提供资料查询、信息检索等专业服务，以满足社区居民在项目实施过程中的各种信息需求。图书馆也应举办各种培训班和讲座，为社区居民提供相关的知识和技能培训，提高他们的参与能力和综合素质。图书馆在社区项目中的角色不仅仅是提供支持和服务，更重要的是作为项目的组织者和协调者，为项目的顺利实施提供助力。图书馆拥有丰富的组织和管理经验，能够有效地策划、组织和实施社区项目。它能够协调社区组织、政府部门、商家等各方利益，形成合力，共同推动项目的实施。图书馆还可以调动各种资源，策划和组织各种与项目相关的活动，如讲座、研讨会、展览等，以提高社区居民的参与度和项目的社会影响力。图书馆还承担着项目评估的重要职责。图书馆拥有专业的评估方法，能够对项目的实施效果和成果进行客观、全面的评估。评估结果可以为项目改进提供依据。根据评估结果，图书馆可以为项目提出改进意见和建议，为同类项目的可持续发展提供指导。在社区项目中，图书馆的职责还包括与社区居民和相关者建立良好的合作关系。图书馆要积极倾听居民的需求和意见，尊重他们的权益，与他们建立起互信、互动的合作关系。图书馆应提供多种沟通渠道，如面对面交流、电话、电子邮件等，方便居民提出建议和意见，参与到项目中来。图书馆还要促进社区居民的主动参与和积极反馈。图书馆应鼓励居民参与到项目决策、实施和评估等各个环节中，使他们成为项目的主人。为了提高居民参与项目的积极性，图书馆可以制定各种激励措施，如奖励、表彰等。同时，图书馆还应为居民提供必要的支持和帮助，如培训、指导等，使他们能够更好地参与到项目中。在项目实施过程中，图书馆还要关注社区居民的创新意识和主动性的培养。图书馆可以举办各种创新活动和比赛，激发居民的创造潜能，培养他们的创新精神和实践能力。同时，图书馆还应关注项目的可持续发展，为社区居民提供长期的、持续的支持和服务，以保证项目的长期效益。

为了更好地发挥图书馆在社区项目中的作用，提高图书馆服务的质量和效果，图书馆应进行效果评估和总结，以了解项目的进展和成果，并提供改进和优化的建议。图书馆在社区参与型项目中的效果评估是一个系统的、全面的过程。评估的目的在于了解项目的实际效果，发现问题、总结经验，为未来的项目提供参考和借鉴。为了达到这个目的，图书馆可以运用多种评估方法，例如问卷调查、面试访谈、焦点小组讨论等，以收集社区居民和参与者的反馈和意见。问卷调查是一种常用的评估方法，通过设计详尽的问卷，可以收集到社区居民的基本信息、对图书馆服务的满意度、对社区项目的参与意愿和参与程度等方面的数据。通过对这些数据的分析，图书馆可以了解社区居民的需求，评估图书馆服务的质量和效果，从而为改进服务提供依据。面试访谈和焦点小组讨论是另外两种常用的评估方法。通过与社区居民进行一对一访谈或者小组讨论，图书馆可以深入了解社区居民的需求和期望，了解他们对图书馆服务的看法和建议，从而为改进服务提供指导。除了收集社区居民和参与者的反馈和意见，图书馆还可以通过统计数据、参与人数、活动质量等指标来量化项目的成果实施效果。例如，图书馆可以统计社区居民的参与人数、参与频率、参与时长等数据，以评估社区项目的吸引力和影响力。同时，图书馆还可以通过评估社区居民对项目的满意度、对项目效果的评价、项目对社区发展的影响等方面来评估项目的效果。在对社区项目的效果进行评估之后，图书馆还需要对评估结果进行总结，以提炼项目的成功经验和不足之处，并提出改进建议和进一步发展的方向。总结的过程是一个深入反思和积累经验的过程，图书馆需要对项目的实施过程进行全面回顾，分析项目的优点和不足，从而为未来的项目实施提供借鉴。在总结的基础上，图书馆还可以将项目的成果和经验进行分享和推广，以促进其他社区进行参考和借鉴。这种分享和推广可以是通过组织研讨会、工作坊等形式，邀请其他社区的图书馆员和相关人员进行交流和学习，也可以是通过编写案例、出版研究报告等形式，将项目的经验和成果传播给更多的人。

四、图书馆在社区建设中的角色与作用

（一）图书馆在社区建设中的资源整合和利用

图书馆拥有丰富的资源，在社区建设中发挥着重要的作用。图书馆可以与社区内的其他机构进行资源整合，如学校、文化中心、老年活动中心等，实现资源共享和互通有无。通过合作，可以确保社区居民充分利用各种资源，提高资源利用效率。例如，图书馆可以与学校合作举办读书活

动，为学生提供优质的图书资源和知识分享平台，丰富他们的学习经验。

图书馆作为信息的守护者和整理者，可以对社区内的信息资源进行整理和分类。图书馆拥有专业的人才队伍和丰富的文献资源，可以将社区中的信息进行归纳和组织，使其更易于查找和使用。例如，图书馆可以建立一个社区信息平台，提供各种信息资源的分类目录和索引，帮助社区居民快速找到所需的信息。这样，社区居民可以更加方便地获取信息资源，提升自己的学习能力和专业素养。图书馆还可以利用现代技术手段，将优质资源传播到社区的每个角落。通过建设数字图书馆和开展网络服务，社区居民可以随时随地通过电脑或手机访问图书馆的资源。无论是图书、期刊、报纸还是电子书、电子期刊，都可以通过数字化的方式提供给社区居民。这样，无论居民身在何处，都能够轻松获取到所需的信息和知识。同时，图书馆还可以通过社交媒体等网络平台，开展线上阅读推广活动，吸引更多的社区居民参与阅读和学习。此外，图书馆还可以开展各种教育培训活动，提高社区居民的知识和技能水平。图书馆可以定期举办讲座、培训班、读书会等活动，邀请专业人士和行业精英分享知识和经验，帮助社区居民更新知识，提升技能。例如，图书馆可以邀请医学专家开展健康知识讲座，提高社区居民的健康素养；可以开设职业培训班，帮助社区居民提升就业竞争力。通过这些活动，不仅可以丰富居民的学习生活，还可以促进社区的发展和进步。作为社区文化活动的重要场所和平台。图书馆可以举办各种文化活动，如书展、艺术展览、音乐会等，为社区居民提供了解文化、艺术的机会。通过这些活动，可以丰富社区居民的精神生活，增加彼此的交流与了解。同时，图书馆还可以策划和组织一些适合社区居民的参与性活动，如读书会、写作比赛、演讲比赛等，激发居民的创造力和参与度，增强社区的凝聚力。

（二）图书馆在社区建设中的文化活动和推广

图书馆在社区建设中起着至关重要的作用。它不仅是知识的宝库，为社区居民提供了无尽的学习资源，更是文化交流的重要场所，为社区居民提供了一个共享、互动的平台。在社区建设中，图书馆应充分发挥这一功能，举办各种丰富多彩的文化活动，以提升社区居民的文化素养，增强社区凝聚力。图书馆可以定期举办各种类型的讲座、研讨会和读书会等活动。这些活动不仅可以邀请专家、学者为社区居民带来深入浅出的知识分享，还可以邀请社区内的热心居民积极参与，共同探讨热门话题，分享知识与经验。通过这些活动，社区居民可以拓宽视野，增强对各种知识的理解和掌握，提高自身的文化素养。此外，图书馆还可以与学校、文化机构等合作，举办各类亲子阅读活动、青少年阅读指导等，为不同年龄段的社区居民提供个性化的阅读指导和服务。图书馆还可以积极组织阅读推广活动，鼓励社区居民积极参与阅读，培养良好的阅读习惯。图书馆可以通过开展阅读分享会、读书沙龙、朗诵比赛等活动，激发社区居民的阅读兴趣，提高他们的阅读能力和鉴赏水平。此外，图书馆还可以利用现代技术手段，如在线阅读平台、电子书借阅等，为社区居民提供便捷的阅读服务，使阅读变得更加轻松、有趣。这些活动不仅有助于提高社区居民的阅读水平，还能增强他们的文化自信，提升整个社区的文化氛围。通过这些丰富多彩的文化活动，图书馆可以将社区居民紧密地联系在一起，增进居民彼此间的了解和友谊。在相互交流中，社区居民可以分享各自的生活经历、人生感悟，从而形成良好的社区氛围。这种氛围不仅有助于增强社区的凝聚力，还能为社区的可持续发展提供有力支持。此外，图书馆还可以通过举办各种展览、艺术表演等活动，丰富社区居民的精神文化生活。这些活动可以包括摄影展、手工艺品展、书法展等，让社区居民在欣赏艺术作品的同时，感受到文化的魅力。此外，图书馆还可以邀请当地的艺术家、音乐家到场进行表演，为社区居民带来一场场精彩的视听盛宴。这些活动不仅有助于提高社区居民的艺术鉴赏能力，还能增强他们的审美意识，促进社区的和谐发展。在推动文化活动和推广的过程中，图书馆还可以积极寻求与周边企业的合作。企业可以赞助图书馆的文化活动，提供物资、资金等方面的支持，同时也可以通过参与这些活动，更好地了解社区居民的需求和兴趣。这种合作模式不仅可以增强图书馆的影响力，还能为企业树立良好的社会形象。图书馆还可以利用数字化技术手段，如建立数字图书馆、开发移动应用程序等，为社区居民提供更加便捷、个性化的阅读服务。通过数字化手段，图书馆可以将优质资源传递给更多的读者，扩大其影响力。同时，数字化技术还能为图书馆提供更多的数据支持，帮助图书馆更好地了解读者的需求和偏好，为未来的服务提供更加精准的指导。

（三）图书馆在社区建设中的社会参与和贡献

图书馆作为公共场所，一直以传播知识、服务社会为己任，具有广泛的社会影响力。在社区建设中，图书馆的作用尤为重要，它不仅提供了丰富多样的学习资源，而且积极参与社区事务，为社区发展贡献力量。图书馆需要积极与政府部门、社会组织和社区居民建立合作关系，共同参与社区事务的决策和执行。通过共享信息、资源和技术，图书馆可以提供独特的视角和建议，帮助社区解决各种问题，提高社区治理水平。例如，图书馆可以利用其丰富的馆藏资源，为社区居民提供关于环保、健康、教育等方面的知识普及，提高居民的素质和社区管理水平。图书馆应关注社区内的弱势群体，为他们提供针对性的服务，帮助他们融入社区生活。老年人、残疾人、贫困家庭等是社区中的弱势群体，他们需要更多的关注和支持。图书馆可以利用其资源优势和技术手段，为他们提供个性化的服务，如提供无障碍设施、开设老年人阅读区、提供手语翻译服务等，帮助他们更好地融入社区生活。此外，图书馆还可以通过开展各种培训和讲座活动，提高他们的技能和知识水平，增强他们的自信心和归属感。此外，图书馆还可以积极参与社区公益活动，如环保、扶贫、助残等，传播正能量，推动社区和谐发展。图书馆可以利用其资源优势和品牌效应，组织各种公益活动，如环保宣传、扶贫捐赠、助残服务等，增强社区居民的公益意识和参与度。通过这些活动，图书馆可以促进社区居民之间的交流和互动，增强社区居民的凝聚力和归属感。同时，图书馆还可以利用自身的技术优势，如数字化、网络化等手段，为社区居民提供便捷、高效的服务，提高他们的生活质量。图书馆还可以通过开展各种培训和讲座活动，提高社区居民的综合素质和能力水平。图书馆拥有丰富的馆藏资源，涵盖了文学、历史、科学、技术等多个领域，可以提供各种类型的图书、报刊、数据库等。这些资源不仅可以满足社区居民的不同需求，还可以为他们的学习和成长提供支持。图书馆可以定期开展各种培训和讲座活动，邀请专家学者、行业精英等前来授课和分享经验，提高社区居民的综合素质和能力水平。此外，图书馆还可以利用自身的技术优势，开展在线教育、远程培训等活动，为社区居民提供更加便捷、高效的学习途径。

第六章　图书馆管理与信息素养教育

一、图书馆管理者的信息素养要求

作为图书馆的管理者，拥有良好的信息素养是非常重要的。信息素养是指个体在信息获取、处理和运用方面的能力，是实现信息社会发展的重要素质之一。图书馆管理者需要具备强大的信息检索能力和信息评估能力。他们应该能够有效地利用各种信息资源，包括图书、期刊、数据库等，进行高效的信息检索和筛选。在快速发展的信息社会中，海量的信息涌入图书馆，管理者需要掌握各种信息检索技巧，灵活运用各种检索工具和技术，以确保能够及时获取到准确、全面的信息资源。同时，他们还需要具备辨别信息的真实性和可信度的能力，以便对图书馆的信息资源进行合理的评估，确保信息的质量和可靠性。图书馆管理者需要具备信息组织与管理的能力。图书馆作为信息资源的管理者，他们需要对图书馆的藏书进行分类、编目和整理，以便用户能够方便地获取所需的信息。他们需要熟悉并掌握图书馆的信息管理系统，了解各种分类编目规则和标准，以便能够进行科学合理的分类编目工作。同时，他们还需要制定有效的信息管理策略和制度，确保图书馆的信息资源能够得到合理的利用和保护。他们需要建立和完善图书馆的信息管理流程，制定详细的文献采购、订购和存储等方面的管理规定，以确保图书馆的信息资源能够得到高效的管理和利用。图书馆管理者还需要具备一定的信息安全和法律知识。他们需要了解信息安全的基本概念和原则，以保护图书馆的信息资源不受到未授权访问和恶意篡改。他们需要了解和掌握信息安全防范的技术手段和方法，制定相应的安全策略和措施，确保图书馆的信息资源安全可靠。同时，他们还需要了解相关的法律法规，以合法合规地管理图书馆的信息资源。他们需要了解信息产权等知识，确保图书馆信息资源的合法使用和传播。除了上述技能和知识，图书馆管理者还需要具备良好的沟通和合作能力。他们需要与图书馆的用户、合作伙伴和其他相关部门进行有效的沟通和合作，以促进图书馆的信息资源共享和优化。他们需要主动与用户进行交流，了解他们的需求和反馈，以便能够提供更好的服务。同时，他们还需要与其他图书馆和相关机构进行合作，共同开展项目和活动，分享资源和经验，提高图书馆的信息服务水平。此外，图书馆管理者还需要具备一定的教育和指导能力。他们需要做好图书馆员和用户的信息教育工作，提升他们的信息素养水平。他们需要组织开展相关的培训和讲座，传授信息检索和评估的技巧，引导用户正确使用和理解信息资源。同时，他们还需要制定和推广相关的信息素养培养方案，鼓励和引导用户主动参与学习和探索，提高他们的信息素养水平。

二、图书馆员的信息素养培养与提升

在信息化社会的浪潮中，图书馆作为知识传播和文化传承的重要阵地，其角色和功能正逐渐转型与升级。图书馆员作为图书馆服务的主体力量，肩负着文献资源的管理、知识咨询以及阅读引导等职责。面对海量信息的挑战，图书馆员的信息素养培养与提升显得尤为重要。图书馆员的信息素养不仅关系到自身的工作效率和业务能力，更直接影响到图书馆服务的质量和效果，乃至整个图书馆事业的可持续发展。图书馆需要加强对图书馆员信息素养的培训和教育。在信息爆炸的时代背景下，图书馆员必须具备良好的信息意识，能够准确、高效地获取、评估、使用信息。图书馆可以通过组织定期的培训班、举办专题讲座等形式，对图书馆员进行信息素养方面的系统培训，提供必要的知识和技能。此外，图书馆还可以利用内部资源，选拔和培养一批具有较高信息素养水平的骨干培训师，他们将成为提升整个图书馆团队信息素养的关键力量。图书馆员需要主动学习和掌握新的信息技术和工具。随着信息技术的快速发展，如大数据、云计算、人工智能等，图书馆的工作方式也在不断地变化和更新。图书馆员需要对新的信息技术有所了解和掌握，才能适应岗位的需求和时代的挑战。因此，图书馆员应该积极学习和应用新的信息技术和工具，如电子文献管理、信息检索、数据挖掘等，以提升自己的信息素养水平，从而更好地服务于读者。图书馆员还需要积极参与学术交流和合作。学术交流和合作是知识更新和创新的动力，也是提升信息素养的有效途径。图书馆员可以参加各种学术研讨会、专业讲座等活动，与同行进行交流和合作，分享自己的经验和心得。同时，他们还可以参与相关的学术组织和专业协会，扩大自己的交际圈子，与更多的同行进行交流和合作。通过这样的学术交流和合作，图书馆员不仅可以提高自己的信息素养，还可以推动图书馆事业共同发展。图书馆员还应该注重个人素养的培养。信息素养不仅包括技术知识和技能，还包括批判性思维能力、创新能力和终身学习的意识。面对日新月异的信息技术发展，图书馆员应该注重自身素养的培养，提升自己的学习能力和创新能力，以适应信息时代的不断变化和发展。此外，图书馆员还应具备良好的职业道德和服务意识，始终坚持读者至上，全心全意为读者服务。

三、图书馆用户的信息素养教育与培训

在当今信息爆炸的时代，信息素养已经成为每个人必备的技能之一。

对于图书馆用户来说，他们的信息素养水平直接影响到图书馆的服务效果和用户满意度。因此，图书馆需要高度重视用户的信息素养教育和培训工作，通过多种途径提升他们的信息素养水平。一是组织信息素养教育讲座和培训班。图书馆可以定期组织培训活动，向用户传授基本的信息素养知识和技能。这些讲座和培训班可以涵盖信息检索技巧、信息评估方法、信息安全知识等内容，帮助用户掌握基本的信息素养技能。同时，图书馆还可以根据用户的需求和兴趣，开设一些特色课程，如数据挖掘、信息可视化等，以满足不同用户群体的需求。二是制订信息素养教育的普及计划和推广活动。图书馆可以通过宣传栏、网络平台、媒体报道等方式，向用户宣传信息素养的重要性和必要性。同时，图书馆还可以组织举办信息素养知识竞赛、文化活动等，吸引用户参与，提高他们对信息素养的重视度和学习兴趣。此外，图书馆还可以与其他机构合作，共同推进信息素养教育工作，如与学校、社区等合作，共同开展信息素养教育活动。三是开设信息素养在线学习平台和提供自助学习资源。为了方便用户随时随地学习，图书馆可以建立线上学习平台，提供在线学习课程和学习资源。用户可根据自身需求和时间自主选择学习内容，提升自己的信息素养水平。同时，图书馆还可以提供自助学习资源，如视频教程、电子书籍等，方便用户自主学习和提高信息素养。这些自助学习资源可以针对不同层次的用户提供个性化的学习方案，使学习更具针对性。四是与学校、社区等合作共同推进信息素养教育工作。为了更广泛地普及信息素养教育，图书馆可以积极与学校、社区等合作，共同推进信息素养教育工作。图书馆可以与学校进行合作，开展信息素养的课程教学和实践活动。同时，图书馆还可以与社区进行合作，组织开展信息素养讲座、培训班等，覆盖更多的用户群体。这样不仅可以提高社区居民的信息素养水平，还可以促进社区的信息化建设。

四、图书馆信息素养教育的评估与推广

图书馆作为信息资源的集散地，肩负着培养公众信息素养的重要使命。信息素养教育不仅关系到个人能力的提升，也影响着社会整体的信息化进程。因此，图书馆的信息素养教育工作不仅需要进行，而且需要评估和推广，以确保其效果和持续性。第一，图书馆应制定量化的评估指标和评估方法，对信息素养教育的效果进行评估。这包括对教育内容的覆盖面及深度，教育方法的适用性，教育效果的持久性等方面进行细致的评估。评估指标应具有可操作性，能够具体反映信息素养教育的实施情况。评估方法应具有科学性，能够真实、准确地反映教育效果。第二，图书馆可以通过问卷调查、用户反馈、使用统计等方式，了解用户对信息素养教育的满意度和学习效果。这有助于图书馆发现教育过程中的优点和不足，从而进行改进和优化。问卷调查可以设计为选择题和开放性问题，以了解

用户对教育内容的了解程度和接受度。用户反馈可以直接获取用户对教育的评价和建议，为教育改进提供第一手资料。使用统计可以分析用户参与教育的积极性，以及教育的实际影响。第三，图书馆可以通过内部评估和外部评估相结合的方式，对信息素养教育进行评估。内部评估可以由图书馆自身组织专业团队进行，这有助于图书馆从内部发现和解决问题。外部评估可以邀请外部专家进行，这有助于图书馆获得更加客观和专业的评估结果。内外部评估相结合，可以使图书馆的信息素养教育评估更加全面和准确。第四，图书馆可以通过宣传推广的方式，提高信息素养教育的知名度和影响力。图书馆可以利用媒体、校园网、社交媒体等渠道，宣传信息素养教育的重要性和成果，吸引更多的用户参与。同时，图书馆还可以与相关单位或机构进行合作，通过合作推广的方式，提高信息素养教育的影响力和覆盖面。此外，图书馆还应建立良好的反馈机制，不断改进和优化信息素养教育。图书馆可以与用户进行沟通和交流，接受他们的意见和建议，以便及时进行调整和改进。图书馆还可以建立一个信息素养教育的反馈平台，供用户进行反馈和评价，促进信息素养教育的持续改进和提升。

第七章　图书馆管理与文化传承

一、图书馆管理在文化传承中的作用与意义

图书馆作为人类文明的宝库，承担着传承文化的重任。在文化传承中，图书馆管理承担着至关重要的使命，其首要目标是保存人类文化遗产、促进知识的传播与普及，以及支持学术研究。图书馆管理通过收集、整理、保存各种文献资源，为公众提供广泛的信息服务，以确保文化信息的连续性和可访问性。图书馆作为文化传承的重要载体，集结了各个时代、各种类型的知识资源，如书籍、期刊、手稿、音频视频资料等。这些资源是文化传承的物理表现形式，而图书馆的管理通过有序地存放、维护和更新这些资源，确保它们在文化传承中持续发挥作用。在图书馆里，这些文献资源得到了专业的分类、编目和索引，使得它们能按照一定的体系排列，方便用户理解和利用。这种体系不仅包括资源的内在逻辑结构，也

包括资源的分布和获取方式，对于文化的传承具有基础性作用。其次，图书馆管理通过构建合理的文献资源体系，保障文化资源的平衡发展。图书馆员通过深入了解用户的需求和学术研究的趋势，采集和更新各种文献资源，以满足不同层次、不同领域的读者的需求。同时，他们还注重资源的多样性和平衡性，尽可能涵盖不同文化背景和学术偏好的资源，以及鼓励和支持新兴和边缘领域的学术研究，保证文化资源的全面性和多样性。通过这种方式，图书馆管理为文化传承创造了丰富多样、不断更新的信息环境与资源条件。图书馆管理同时也承担着向公众提供专业服务，增强其对文化传承的认识和参与的职责。图书馆不仅是文献的存储地，更是知识的交流中心。图书馆员通过为用户提供专业的参考咨询、研究指导和学术培训，帮助他们获取和解读信息，提高其文化素养和信息素养。图书馆还定期举办各类学术讲座、文化展览、阅读推广活动等，使公众能够更深入地了解和欣赏文化遗产，感受文化的魅力，从而激发其对文化传承的兴趣和责任感。图书馆管理还注重与其他文化机构和社区的合作与联动。图书馆与博物馆、档案馆、文化中心等密切合作，共同举办展览、讲座、研讨会等活动，共享资源和服务，增强文化的整体性和协同性。此外，图书馆也积极参与社区建设与文化推广，将图书馆服务延伸至社区教育、文化交流、公共信息等领域，为社区居民提供丰富多样的文化活动和资源，促进地方文化的发展与传承。

图书馆管理在维护和传承文化方面发挥着至关重要的作用。其贡献不仅体现在持续的文献采集和数字化转换以扩大文化资源的覆盖范围，还表现在对珍贵文化遗产的精心保护以及组织各种文化活动和教育项目以提高公众对文化传承的重视上。图书馆通过持续的文献采集和数字化转换，不断扩大文化资源的覆盖范围和影响力。在这个数字化时代，图书馆的作用更是无法被忽视。它们通过网络提供远程服务，使得文化资源得以跨越地域限制，被更广泛的人群所接触和利用。图书馆不仅收藏了大量的印刷文献，还通过合作和交换等方式，不断丰富馆藏资源，涵盖了各种类型的文化载体，如纸质文献、电子书、音像制品等。这些资源为研究和教育提供了丰富的素材，有助于传承和发扬各种文化传统。图书馆管理通过对珍贵文化遗产的保护，确保文化资源的长期可保存性。图书馆在保护文化遗产方面采用了专业的保护和修复技术，以防止文献因时间流逝而损坏。同时，图书馆还采用现代技术对珍贵的原始资料进行复制和备份，以减少文化丢失的风险。这种保护措施不仅有助于维护文化遗产的完整性，同时也为未来的研究和学习提供了宝贵的资源。图书馆还积极开展各种文化活动和教育项目，以提高公众对文化传承的重视。例如，图书馆可以举办各种讲座、展览、研讨会等活动，使公众更加亲近文化，了解其在现代社会中的价值和意义。这些活动不仅丰富了公众的文化生活，也为他们提供了一个学习和交流的平台。通过这些活动，图书馆鼓励公众参与到文化的传承中来，增强他们的文化自觉性和认同感。图书馆还积极开展数字化教育项目，以提高公众的数字素养和信息素养。随着数字化技术的发展，图书馆也开始积极推进数字化服务，如在线阅读、数字保存、数据挖掘等。这些项目不仅有助于提高图书馆的服务水平，也为公众提供了更多获取和利用文化资源的机会。通过这些教育项目，图书馆不仅帮助公众掌握了数字技能，也为他们提供了更多参与文化传承的机会。此外，图书馆还通过开展合作项目，加强了不同地区、不同民族之间的文化交流和理解。图书馆通过与不同机构、学校、社区等的合作，共同开展项目，如共享资源、联合研究、互访交流等，促进了不同文化之间的相互理解和尊重。这些合作项目不仅丰富了图书馆的馆藏资源，也为公众提供了更广阔的文化视野。

图书馆管理在文化遗产的传承与利用方面起着举足轻重的作用。首先，我们必须明确的是，图书馆作为文化遗产的重要存储地和传播中心，其管理的职责不仅仅是保管和保护，更重要的是挖掘、诠释和应用。这就是图书馆管理与文化遗产传承利用之间的紧密联系。图书馆通过设立特藏部门，建立起集中管理和展示珍贵文化遗产的平台。这些特藏往往包括历史文献、手稿、艺术品等，具有极高的历史价值和文化内涵。特藏部门通过对这些文化遗产进行深度研究和诠释，不仅保护了它们的原始价值，同时也赋予了它们新的生命力和意义。这些研究成果不仅有助于我们更深入地了解历史，也有助于增强我们的文化认同感和归属感。图书馆管理通过促进文化遗产的数字化展示和网络传播，将文化遗产从物理空间带入数字空间，使其能够被更广泛的用户所接触和了解。随着信息技术的快速发展，数字化已经成为文化遗产保护和传承的重要手段。通过数字化，文化遗产可以突破物理空间的限制，进入更广阔的数字世界，让更多的人有机会接触和了解。此外，网络也为文化遗产的全球化传播提供了可能，使世界各地的学者和研究人员能够更方便地进行交流和合作。图书馆管理在推动文化遗产数字化过程中，也需要考虑到知识产权、数据安全和隐私保护等问题。这些问题的妥善解决，不仅能够保护文化遗产不受侵犯，也能够提高数字化过程的效率和可持续性。在这个过程中，图书馆需要与相关机构和专家合作，共同制定出合理的方案和标准，以确保文化遗产的数字化过程既安全又有效。图书馆管理还需要加强对文化遗产的保护和修复工作。由于历史的原因，许多文化遗产都受到了不同程度的损害，需要进行修复和保护。图书馆应该积极寻求各种资源和资金支持，与专业机构合作，开展修复工作，确保文化遗产能够得到妥善的保护和传承。

二、图书馆馆藏的文献保护与传承

随着时间的推移，图书馆馆藏中的文献不可避免地会经历磨损和老化，因此，图书馆需要采取一系列的措施来保护和修复这些宝贵的文献。

（一）图书馆馆藏的文献保护与修复

图书馆作为人类文化遗产的重要保存地，其馆藏文献的保护与修复工作显得尤为重要。文献保护是图书馆工作中至关重要的一部分，它关乎人类文化遗产的传承与保护。如何保护馆藏文献，以延长它们的使用寿命，是图书馆工作人员需要认真思考和实践的问题。这不仅是对图书馆工作的负责，更是对人类文化遗产的尊重和保护。首先，图书馆应该采取防火、防水、防虫等基本的措施来保护馆藏。防火是图书馆文献保护的首要任务，因为火灾对文献的破坏是毁灭性的，一旦发生火灾，大量的文献将永远消失。图书馆应建立完善的消防系统，包括烟感报警器、灭火器、消防栓等，并定期进行消防演练，以确保在火灾发生时能够迅速应对。防水也是图书馆文献保护的重要环节，因为水灾会导致文献受潮、发霉，甚至纸张溶解，造成无法挽回的损失。图书馆应安装防水设施，如排水系统、防水门等，以防止水患的发生。防虫是图书馆文献保护的另一个重要任务，因为图书馆中的文献很容易受到书虫、白蚁等害虫的侵蚀，导致文献破损、文字褪色。图书馆应定期进行虫害防治，如安装防虫网、使用防虫剂等，以防止害虫的侵入。对于那些已经破损或有可能破损的文献，图书馆应该进行修复和加固。这是因为破损的文献不仅会影响读者的阅读体验，还可能因为破损程度的加剧而导致文献内容的丢失。因此，图书馆应设立专业的文献修复室，配备专业的修复师和修复设备，对破损的文献进行修复和加固。这可以通过一些专业的修复手段和材料来实现，比如使用文献修复纸、文献胶带等。在进行修复时，修复师应根据文献的破损程度和材质，采用适当的修复方法，如去除污渍、修补破损、加固装订等，以最大程度地恢复文献的原貌和功能。对于馆藏中的珍贵文献，图书馆还需要进行定期的鉴定和检查，以确保它们的完整性和安全性。这是因为珍贵文献往往具有较高的历史、艺术和学术价值，一旦发生破损或丢失，将无法挽回。图书馆应为珍贵文献建立档案，记录其详细信息，如作者、出版年份、版本等并定期进行鉴定和检查，以确保其处于良好的保存状态。在检查过程中，图书馆工作人员应注意观察文献的保存状况，如是否有破损、褪色、虫蛀等现象，并及时采取相应的保护措施。同时，图书馆还应制定完善的珍贵文献管理制度，规定文献的借阅、使用和搬运流程，以确保珍贵文献的安全。除了以上措施外，图书馆还应加强文献保护的宣传教育工作。图书馆应定期举办文献保护知识讲座，向读者普及文献保护的重要性、基本方法和技巧，增强读者的文献保护意识。同时，图书馆还应通过宣传栏、网站等渠道，发布文献保护的相关信息，如珍贵文献展示、修复成果展示等，引起社会对文献保护的关注和支持。此外，图书馆还应加强与国内外文献保护机构的合作与交流，共享文献保护的经验和技术，推动我国文献保护事业的发展。

（二）图书馆馆藏的数字化与虚拟传承

科技进步无疑为图书馆馆藏的保护和传承提供了新的机遇与挑战。在这样一个背景下，数字化与虚拟传承应运而生，成为图书馆事业发展中不可或缺的一部分。数字化技术为图书馆馆藏的保护提供了全新的解决方案。我们知道图书馆馆藏中的文献，尤其是古籍和珍稀图书，往往面临着严重的磨损和老化问题。长期以来，图书馆工作人员一直在为如何延长这些文献的寿命而苦恼。而数字化技术的出现，为他们带来了希望。通过数字化，可以将馆藏中的文献进行扫描和转换，使其成为电子文件。这样一来，即使传统的纸质文献面临严重磨损和老化，我们仍然可以通过电子文件保留和传承这些宝贵的文献资源。数字化技术还有助于扩大图书馆馆藏的影响力。在数字化之前，图书馆的文献资源主要局限于实体馆内。人们想要查阅和利用这些文献，必须亲自前往图书馆。这无疑在一定程度上限制了图书馆馆藏的利用率和传播范围。而进行数字化之后，文献内容可以以电子文件的形式存储在互联网上。人们可以通过电脑、手机等设备，随时随地访问和搜索这些电子文献。这不仅极大地提高了图书馆馆藏的利用效率，也让更多的人有机会接触和了解这些宝贵的文献资源。与此同时，虚拟传承作为数字化的重要应用之一，也为图书馆馆藏的传承提供了新的途径。通过虚拟传承，可以为馆藏中的文献创建一个虚拟展览，让更多的人参观和学习。这种全新的展示方式，不仅可以让人们更加便利地了解文献的内涵和价值，还可以提供更多的信息和背景知识。例如，在虚拟展览中，观众可以了解到文献的产生背景、历史沿革以及相关的人物故事等，从而更加全面地理解文献所蕴含的文化底蕴。更重要的是，虚拟传承还为学者和研究者提供了一个全新的学术研究平台。在这个平台上，学者们可以利用数字化技术，对馆藏文献进行深入的研究和分析。他们可以通过比较、统计、挖掘等方法，挖掘出文献中的有用信息，为学术研究提供更多的线索和素材。此外，虚拟传承还可以打破地域和时间的限制，让学者们可以跨越国界、跨越学科，开展更加广泛和深入的学术合作，推动图书馆馆藏的传承与发展。当然，数字化与虚拟传承的应用也面临着一系列的挑战。例如，数字化技术的投入和维护成本较高，对图书馆的财力提出了较高的要求；虚拟展览的策划和制作需要专业的人才和技术支持；数字化过程中的版权问题、数据安全问题等也需要引起重视。然而，相信随着科技的不断进步和图书馆事业的发展，这些问题必将得到妥善解决。

（三）图书馆馆藏的多样化与活化利用

保护和传承图书馆馆藏的另一种重要方式就是多样化和活化利用。这意味着图书馆需要打破传统的观念，以更为开放和创新的姿态，推动馆藏文献的广泛传播和深入研究。图书馆馆藏的文献来源广泛，包括来自不同地区、不同时期的作品，它们可能涵盖不同的主题和领域。因此，图书馆在制定多样化利用策略时，需要充分考虑这些特点。首先，图书馆应深入挖掘馆藏资源，整理出具有独特价值和历史意义的文献，通过举办各类展览，让公众有机会近距离接触这些珍贵的资料。例如，可以举办主题明确的文献展览，如古代文献、手稿、古籍等，让公众在欣赏这些精美绝伦的文献的同时，了解其背后的历史故事和文化内涵。图书馆还可以利用现代科技手段，如数字化、虚拟现实等，为公众提供更为便捷和丰富的阅读体验。例如，可以将馆藏文献进行数字化处理，使其在网络平台供全球读者查阅。同时，通过虚拟现实技术，读者可以身临其境般地感受文献所描述的场景，从而更加深入地理解文献内容。在推动文献多样化的同时，图书馆还需要关注活化利用。活化利用是指将馆藏文献应用于更为广泛的活动和领域，以提高其社会价值和经济效益。图书馆可以与学校、研究机构等合作，开展各类研讨会、讲座等活动，邀请专家学者对馆藏文献进行深入研究和解读。这样一来，不仅能够提高公众对文献的认识和理解，还有助于推动相关领域的研究发展。图书馆还可以将馆藏文献用于教育活动中，如编写教材、制作课件等，让学生在课堂上就能接触到这些珍贵的资料。这有助于培养学生的文化素养和历史意识，提高他们的综合素质。同时，图书馆还可以与文化产业机构合作，将馆藏文献改编成电影、电视剧等，使其走向市场，实现文化资产的增值。

三、图书馆在文化传承中的社会参与与协同

在当今社会，图书馆作为文化传承的重要机构，在社会参与和协同方面发挥着重要作用。图书馆通过积极的社会参与，促进社区文化传承并与文化机构、学校以及团体进行合作与交流，为社会提供了丰富多样的文化资源。

图书馆作为社区文化传承的重要场所，承担着推动社区文化发展、提升居民文化素养的重要任务。为了实现这一目标，图书馆应积极参与社区文化活动，丰富社区文化生活，将文化传承融入社区的日常生活中。为了满足社区居民的不同文化需求，图书馆会适时举办各类文化活动，如读书俱乐部、文化讲座、展览等。这些活动涵盖了各个年龄段和拥有不同兴趣爱好的居民，吸引了许多社区居民的参与。通过这些活动，图书馆为社区居民提供了一个交流和学习的平台，促进了社区文化的传承和发展。在读书俱乐部活动中，居民们可以共同阅读一本书，并参与讨论和分享。这种形式的读书活动不仅提高了居民们的阅读兴趣，还促使他们在交流中碰撞出思想的火花，激发了对文化知识的渴望。文化讲座则邀请专家学者就热点话题进行深入讲解，让居民们在家中就能接触到前沿的文化知识。展览活动则通过展示优秀文化艺术作品，提高了居民们的审美水平，让他们在欣赏中感受到文化的魅力。此外，图书馆还积极参与社区的文化庆典和活

动。例如，在重要的传统节日，如春节、端午节等，图书馆会举办相应的文化活动，为社区居民提供了解传统文化、参与文化体验的机会。通过这些活动，图书馆不仅促进了社区居民对传统文化的认同感和参与度，也提高了社区居民的文化素养。为了更好地传承和发展社区文化，图书馆还致力于挖掘和保护社区的历史文化资源。通过对地方历史文献的收集、整理和研究，图书馆为社区居民构建了一幅多彩的历史文化画卷。同时，图书馆还与社区学校、文化团体等合作，共同推动社区文化的繁荣发展。图书馆在社区文化传承中的社会参与具有重要意义。首先，图书馆为社区居民提供了一个学习和成长的环境，使他们能够在知识的海洋中不断提升自己。其次，图书馆举办的文化活动有助于增强社区居民的凝聚力和归属感，让他们在参与中感受到社区的温暖和活力。最后，图书馆的文化传承工作有助于弘扬中华民族优秀传统文化，培育社会主义核心价值观，为社区发展注入源源不断的文化动力。

图书馆作为搜集、整理、保存和传播知识的重要场所，不仅承载着丰富的历史与文化，更是人们获取知识、提升素养的重要平台。然而，图书馆的功能与作用并非孤立存在，而是需要在与社会各界的交流与合作中发挥。特别是在文化领域，图书馆与文化机构的紧密合作与协同，不仅能够实现资源共享、优势互补，更能推动文化的繁荣与发展。图书馆与文化机构的合作，包括博物馆、画廊、剧院等不同类型的文化机构，它们各自有着独特的功能与特色。博物馆是历史的宝库，收藏着丰富的历史文物和艺术品，画廊则是艺术的殿堂，展示着各种艺术流派和作品，剧院则是艺术的演绎场所，让人们可以亲身感受艺术的魅力。文化机构在合作中可以相互借鉴优势，共同丰富社会的文化资源。图书馆可以借助文化机构的资源，举办各类丰富多彩的活动。例如，图书馆可以与博物馆合作，举办各类展览，展示各种文物和艺术品，从而为读者提供丰富多样的文化体验。通过这种方式，读者在阅读的同时，也可以在博物馆欣赏到珍贵的文物和艺术品，丰富了自己的文化生活。此外，图书馆还可以与画廊合作，举办艺术展览，让读者在欣赏艺术作品的同时，也能够提升自己的审美素养。与此同时，图书馆也可以与剧院合作，举办各类演出活动，让读者在享受阅读的同时，也能够体验到戏剧、音乐等艺术的魅力。另一方面，图书馆也可以为文化机构提供资源支持，如丰富的图书馆藏、数据库等，来支持机构的研究和学术工作。图书馆作为知识的重要载体，拥有大量的书籍、期刊、数据库等资源，这些资源对于文化机构的研究和学术工作具有重要的价值。例如，图书馆可以提供相关的书籍和资料，帮助文化机构开展研究工作；图书馆还可以提供数据库资源，帮助文化机构进行数据搜集和分析。这样一来，图书馆不仅为文化机构提供了重要的资源支持，也有助于推动文化机构的研究和学术工作，进而促进文化的繁荣与发展。通过与文化机构的合作，图书馆可以打破传统的界限，拓宽自身的服务范围，为读者提供更加综合的文化体验，促进文化的传承和发展。例如，图书馆可以与文化机构共同开展各类教育培训活动，如讲座、研讨会、工作坊等，让读者在学习和交流的过程中，提升自己的知识水平和综合素质。此外，图书馆还可以与文化机构共同开展文化交流活动，如组织读者参观文化机构，邀请文化机构的专家到图书馆举办讲座等，让读者更加深入地了解和感受文化。这样一来，图书馆不仅为读者提供了更加全面的服务，也有助于推动文化的传承和发展。图书馆与文化机构的合作还可以促进双方的资源共享和优势互补。图书馆与文化机构各自拥有独特的资源和服务，可以通过合作来提高服务质量和效果。例如，图书馆可以与文化机构共同建设图书馆与文化机构的数据库，将图书馆的书籍和文化机构的文物、艺术品等资源数字化，以提供给读者更加便捷的查询和使用服务。这样一来，读者就可以在图书馆和文化机构中，更加方便地获取到各类资源和信息，进而提高自己的知识水平和综合素质。图书馆与文化机构的合作还可以推动文化的创新和发展。在合作中，图书馆和文化机构可以共同研究和探索新的服务模式和发展路径，以满足读者不断变化的需求。例如，图书馆可以与文化机构共同开展创新项目，如建设文化体验馆、艺术创作中心等，为读者提供全新的文化体验和服务。同时，图书馆还可以与文化机构共同开展文化研究，如研究文化的历史和发展、文化对社会的影响等，以推动文化的发展和创新。

图书馆与学校之间的合作与交流对于学生的阅读兴趣和阅读能力的培养起着重要的作用。图书馆可以与学校合作开展各类阅读推广活动，例如图书推荐和读书分享会等，以创造良好的阅读环境和氛围。学校可以邀请图书馆的工作人员到学校举办讲座或培训，与学生分享阅读的技巧和经验。这种合作可以增加学生对图书馆的认识和了解，并激发他们对阅读的兴趣。图书馆还可以与各类团体进行合作，举办多样化的文化活动。可以与音乐团体合作举办音乐会，为观众带来美妙的音乐体验；可以与艺术团体合作举办艺术展览，让观众欣赏到各种艺术作品。通过与各类团体的合作与交流，图书馆为社会提供了更加多元化和丰富的文化体验，丰富了社会文化生活。同时，这种合作也为图书馆拓宽了资源来源和展示平台的渠道，使得更多的人能够感受到图书馆的魅力和价值。在图书馆与学校、团体的合作与交流中，双方可以共同制订合作方案和活动计划。学校可以根据学生和教师的需求，提出合作的要求和期望；图书馆根据自身资源和服务的情况，提供相应的支持和帮助。合作方案可以包括学校和图书馆共同举办的活动内容、参与人员、时间安排等。通过明确的合作方案，可以保证合作活动的顺利进行，达到最佳的效果和效益。图书馆在与学校和团体的合作与交流中，还需要注重信息共享和互动沟通。学校可以与图书馆共享学生和教师的需求信息，让图书馆及时了解社区的需要，从而更好地提供相关的资源和服务。图书馆可以通过定期举办座谈会、交流会等形式，与学校和团体的负责人及活动参与人员进行直接的沟通和交流。这种信息共享和互动沟通有助于加强双方的合作意识和相互理解，促进合作活动的顺利开展。图书馆还可以利用合作与交流的机会，向学校和团体提供专业的图书馆服务和支持。例如，图书馆可以为学校建立专属的图书馆服务平台，为学生和教师提供方便快捷的图书借阅和查询服务；图书馆还可以为团体提供专门的文献检索和综合信息服务，帮助他们实现自己的研究和活动目标。通过提供专业的图书馆服务和支持，图书馆可以更好地满足学校和团体的需求，提高他们对图书馆的认可和信任。

四、图书馆与文化产业的融合与发展

在当今这个信息化快速发展的时代，图书馆作为文化传承的重要场所，正在经历着一场深刻的变革。图书馆不再只是单纯地收藏、展示和传播知识的场所，而是正在成为文化创新的前沿阵地。这种变革的核心，就是图书馆与文化产业的合作与交流。合作与交流，不仅让图书馆的职能得到了全新的诠释，也让文化产业的价值得到了最大化的发挥。图书馆与文化产业的融合，是时代发展的必然趋势。在合作与交流方面，图书馆不仅扮演着参与者，更是推动者的角色。图书馆作为文化的重要传承场所，具有丰富的图书资源，而这些资源，正是文化产业创新传播的源泉。图书馆通过与出版、影视、动漫等文化产业的紧密合作，将静态的图书资源转化为动态的文化产品，实现了文化内容的创新传播。这种转化，不仅让图书资源焕发出了新的活力，也让文化产业找到了新的发展路径。以上海图书馆为例，它便与影视机构合作，将古籍文献改编为剧本，既推广了传统文化，又拓展了图书馆的文化影响力。这种做法，既体现了图书馆的文化传承职能，也展示了文化产业的文化创新能力。这种合作，不仅让图书资源得到了全新的呈现，也让传统文化找到了新的传播方式。这种创新，不仅让图书馆的文化影响力得到了提升，也推动了文化产业的发展。图书馆也可以通过国际交流项目，引进国外的文化资源，同时推广本国的文化资源，如参与国际展览、互赠出版物等，增进了不同文化之间的了解和交流。这种国际交流，不仅让图书馆的文化视野得到了拓展，也提升了图书馆的文化影响力。图书馆通过这种交流，不仅可以让更多的国内读者接触到国外的文化资源，也可以让更多的国外读者了解到中国的文化资源。这种交流，既增进了不同文化之间的了解，也推动了文化的多元化发展。此外，图书馆还可以与文化机构共同举办讲座、研讨会等活动，邀请专家学者探讨文化产业发展的现状与未来，促进跨界思维和创意的产生。这种讲座、研讨会等活动，不仅让图书馆功能得到了延伸，也可以引进文化产业的前沿理念，推动文化产业的发展。

图书馆作为文化产业的重要组成部分，其资源整合与利用对于推动文化产业发展具有重要意义。图书馆拥有丰富的文献资源，是文化产业的重要支撑，这些资源不仅包括纸质文献，还包括各种电子资源、数据库等，种类繁多，内容丰富。在当今的信息化、数字化时代，图书馆通过不断创新和改进，将纸质文献转化为数字资源，进一步扩大了资源的传播和利用范围。在资源整合方面，图书馆通过数字化建设，不断加强信息化技术的应用，实现了纸质文献与数字资源的有效整合。例如，中国数字图书馆的建设就是一个典型的资源整合项目。该项目集合了全国各大图书馆的资源，不仅包含了传统的纸质文献，还包括各种电子书、数据库等数字资源，形成了一个海量的数字文献服务平台。此外，图书馆还通过建立信息共享平台、资源共享网络等方式，实现了资源的优化配置和有效利用。除此之外，图书馆还积极开展版权交易工作，与出版机构、版权所有者等建立合作关系，购买或租借数字资源的使用权，以较低的成本获取更多的数字资源，为读者提供更加丰富的阅读选择。这些资源的整合不仅扩大了图书馆的馆藏规模，也为读者提供了更加多样化的阅读体验。在资源利用方面，图书馆不断创新服务模式，以满足读者不断增长的文化需求。首先，图书馆推出了借阅服务，读者可以通过在线平台或实体图书馆借阅图书、电子资源等，方便快捷地获取所需资源。其次，图书馆还提供了远程查询服务，读者可以通过网络平台查询图书库存、借阅情况等信息，方便快捷地获取自己所需的信息。此外，图书馆还根据读者的阅读习惯和兴趣爱好，推出个性化推荐服务，根据读者的阅读历史和喜好，为其推荐适合的图书、电子资源等，提高了文化资源的利用效率。除了传统的借阅服务外，图书馆还积极开展数字化服务，如在线阅读、电子书下载等，为读者提供了更加便捷的阅读方式。同时，图书馆还加强与其他文化机构的合作，如与博物馆、艺术馆等合作举办文化活动，共同推动文化事业的发展。

在当今快速发展的社会中，图书馆在文化产业中的地位日益凸显，其创新与发展对整个文化产业的未来起着至关重要的作用。图书馆不再仅仅是一个存储书籍和文献的场所，而是成为一个集知识、创新、交流和娱乐为一体的多功能空间，为社会的文化发展提供了源源不断的动力。图书馆通过举办各类丰富多彩的文化活动，如读书会、作家讲座、艺术展览等，激发了社会大众的文化兴趣，培育了文化消费市场。这些活动不仅提升了大众的文化素养，也为他们提供了展示自己才华的平台。这些活动不仅吸引了更多的人走进图书馆，同时也提升了图书馆的知名度和影响力。图书馆在文化产业的创新与发展中，通过设立创客空间、实验室等设施，为公众提供了一个创作平台和有力的技术支持，促进了文化产业与创新技术的结合。例如，上海图书馆的"创新空间"便是一个集创意设计、数字制作、知识交流于一体的综合性服务平台。这个空间为艺术家、设计师、创作者等提供了无限的创作可能，同时也吸引了大量的年轻人前来参与和体验。此外，图书馆还通过支持文化创新项目，鼓励和支持文化人才的创作活动，为文化产业注入了新鲜血液。这些项目不仅激发了文化人才的创造力，也为他们提供了展示自己才华的机会。通过与各类文化机构、企业和个人合作，图书馆推动了文化创意产业的发展，为社会的文化繁荣做出了重要贡献。值得一提的是，数字化和智能化技术的应用也在推动图书馆的变革和创新。如今，图书馆已经不再是一个单纯的阅读空间，而是变成了一个集成了数字化资源、智能服务、在线社区等功能于一体的新型平台。通过大数据、人工智能等技术，图书馆能够更好地满足用户的需求，提供更加个性化和智能化的服务。同时，图书馆也在不断探索新的商业模式和合作方式，以适应文化产业的发展趋势。例如，图书馆可以与各类文化机构和企业合作，共同开发文化产品和服务，推动文化产业的发展。此外，图书馆还可以通过开展在线教育、远程学习等服务，拓展自己的服务范围和受众群体。

第八章 图书馆管理与信息安全

一、图书馆信息安全的重要性与挑战

在当今信息化社会，图书馆作为重要的信息中心，承担着保存文献、传播知识、提供信息服务的重任。然而，随着信息化程度的不断提高，图书馆信息安全问题也日益凸显。信息安全对于图书馆来说至关重要，因为它涉及图书馆的长期发展、用户隐私保护、信息资源的安全和完整性等方面。首先，图书馆面临的主要挑战之一是来自网络的威胁。随着互联网的普及和发展，图书馆面临着越来越多的网络攻击。黑客可以通过各种手段侵入图书馆的网络系统，窃取用户的个人信息和机密数据，或者植入恶意软件破坏图书馆的信息系统。例如，黑客可能通过网络攻击进入图书馆的数据库，窃取读者的个人信息，这对于图书馆来说是个巨大的威胁。图书馆还面临着数据泄露的风险。图书馆保存了大量的图书、期刊、论文等信息资源，这些资源包含了大量有关用户的个人信息。如果这些信息因为图书馆的信息安全措施不当或者人为泄露等原因泄露出来，将对用户的隐私产生严重的侵害。例如，如果一名黑客能够通过非法手段获取某个用户在图书馆借阅的书籍和搜索记录，那么该用户的个人隐私将受到严重影响。此外，身份盗窃也是图书馆信息安全面临的挑战之一。在图书馆的信息系统中，用户需要使用个人账户进行查询和借阅图书等操作。如果黑客能够获取用户的账户和密码，就可以冒充用户进行非法操作，例如借阅其他用户的图书、篡改图书馆的信息内容等。这将破坏图书馆的信誉和用户信任，对于图书馆来说是一个重大的损失。另外，随着数字化进程的加快，图书馆还面临着数字版权问题、数字存储安全问题等新挑战。数字化使得大量的图书、期刊等资源以电子形式存储，这就涉及版权的保护和数字存储的安全。一方面，图书馆必须合法获取数字资源，遵守版权法律和协议，以确保不侵犯版权者的权益。另一方面，图书馆还必须采取有效的措施，防止数字资源被非法复制、篡改或删除，以保护数字资源的完整性和安全性。为了应对以上提到的各种挑战，图书馆必须建立完善的信息安全体系。首先，图书馆应加强对网络安全的防护。这包括建立防火墙、入侵检测系统和反病毒软件，以及定期对网络系统进行安全评估和漏洞修复。其次，图书馆还需要加强对用户个人信息的保护。这可以通过加密技术、访问控制和用户身份认证等手段来实现。此外，图书馆还应定期进行数据备份和恢复，以防止数据丢失和损坏。除了技术手段，图书馆还应加强对信息安全的教育和培训。这既包括对图书馆员工的培训，增强他们对信息安全的意识和技能，也包括对用户的教育，加强他们的信息安全意识。通过培养员工和用户的信息安全意识，可以有效预防和应对信息安全威胁。

二、图书馆信息资源的保护与管理

为了确保图书馆信息资源的保护与管理，图书馆需要制定详细的信息资源保护和管理策略，这对于维护图书馆的正常运营、保障读者权益以及传承人类文化遗产具有重要意义。图书馆需要建立完善的信息资源备份机制。信息资源是图书馆的灵魂，是提供服务的基础。随着信息技术的飞速发展，图书馆的信息资源形式日益多样，包括纸质文献、电子文献、数字资源等。这些信息资源在为读者提供便利的同时，也面临着安全风险。例如自然灾害、硬件故障、人为破坏等因素都可能导致信息资源的损失。因此，图书馆应建立完善的信息资源备份机制，对重要信息资源进行定期备份，确保信息资源的完整性和可用性。备份机制应包括对纸质文献的复印、电子文献的镜像、数字资源的云端存储等，以应对不同类型的风险。其次，图书馆需要建立严格的信息资源访问控制机制。信息资源访问控制是保障图书馆信息资源安全的重要手段。图书馆应根据法律法规、馆内规定等，对信息资源进行分类管理，确定不同类别信息资源的访问权限。对于涉及国家安全、民族宗教、个人隐私等的信息资源，图书馆应实行严格的访问控制，确保只有经过授权的用户才能访问。同时，图书馆还应加强网络安全防护，防范黑客攻击、病毒入侵等网络安全风险，保障信息资源的安全。图书馆还需要加强信息资源的分类和编目工作。分类和编目是图书馆信息资源管理的关键环节，直接影响着图书馆服务的质量和效率。图书馆应根据国家标准和规范，对信息资源进行科学、准确的分类和编目。这包括对纸质文献的分类编号、对电子文献的元数据著录、对数字资源的标准化描述等。通过规范化的分类和编目，有助于提高信息资源的检索效率，便于用户快速、准确地找到所需信息。同时，图书馆还应不断优化检索系统，提高信息资源检索的准确性和用户体验。图书馆还需要加强对数字资源的管理。随着信息技术的发展，数字资源在图书馆信息资源中的比重越来越大。数字资源具有存储占用空间小、传播速度快、更新周期短等特点，但也面临着数据冗余、数据丢失、数据损坏等风险。因此，图书馆应加强对数字资源的存储和管理，确保数字资源的长期可访问性和安全性。这包括采用高效、稳定的存储设备，定期对数字资源进行数据备份和恢复测试，以及采取数据加密、访问控制等技术手段，维护数字资源安全。在信息资源保护与管理的过程中，图书馆还应注重人才队伍建设。图书馆应加强对信息资源管理专业人才的培养和引进，提高图书馆工作人员的信息资源保护和管理能力。同时，图书馆还应积极开展业务培训和学术交流，促使工作人员掌握最新的信息资源管理技术和方法。通过人才队伍建设，为图书馆信息资源保护与管理提供有力保障。最后，图书馆应加强与政府、企业、社会组织等的合作，共同推进信息资源保护与管理。图书馆可以与其他机构共享信息资源，实现资源互补和互利共赢。此外，图书馆还可以积极参与信息资源保护与管理的相关标准制定，推动行业健康发展。通过合作与交流，图书馆可以不断拓宽信息资源保护与管理的视野，提高自身服务能力。

三、图书馆用户隐私保护与权益保障

在当今这个信息化迅猛发展的社会，人们对于个人隐私和权益的保护越来越重视。图书馆作为信息传播的重要场所，肩负着为公众提供丰富多样的信息服务的重任，同时，也承担着保护用户隐私和权益的重要责任。图书馆必须制定完善的用户隐私保护政策，确保用户隐私不受侵犯，保障用户的各项合法权益得以实现。隐私保护政策是图书馆对用户隐私保护工作的总体要求和规范，是图书馆对用户隐私权保护的承诺和保证。图书馆应明确用户的隐私权和权益范围，包括但不限于用户的个人信息、借阅记录、搜索记录等。同时，图书馆还应明确用户权益的保障措施，如用户权益受到侵犯时的救济途径等。此外，图书馆还应定期对隐私保护政策进行修订和完善，以适应不断变化的社会环境。图书馆应加强用户隐私和权益的宣传和教育。图书馆应通过各种渠道，如举办讲座、发放宣传手册等，向用户普及隐私保护和权益保障的知识，提高用户的隐私保护和权益保护意识。同时，图书馆还应教育用户如何正确使用图书馆资源，避免因使用不当而导致个人信息泄露。此外图书馆应加强信息监管，避免误导、欺诈等不良信息的传播。图书馆需要建立健全的信息审查制度，对图书馆内的信息进行定期审查，确保信息的真实、准确和合法。对于发现的误导、欺诈等不良信息，图书馆应立即采取措施予以清除，防止对用户造成损害。图书馆应对用户的个人信息和隐私数据严格保密。图书馆应建立健全的个人信息和隐私数据保护制度，采取相应的安全措施，如加密存储、访问控制等，防止用户个人信息和隐私数据泄露、篡改或丢失。同时，图书馆还应对工作人员进行培训，提高他们对用户个人信息和隐私数据保护的意识，确保他们在工作中能够严格遵守保密规定。在保障用户合法权益方面，图书馆应尊重知识产权和版权。图书馆在提供信息服务时，应严格遵守相关法律法规，避免侵犯知识产权和版权。同时，图书馆还应积极与知识产权和版权持有者进行合作，争取他们的支持和理解。此外，图书馆还应为用户提供合理的赔偿机制和纠纷解决机制。当用户权益受到侵犯时，图书馆应积极协调，为用户提供有效的帮助。

四、图书馆信息安全防范与应急管理

为了应对信息安全风险和突发事件，图书馆必须建立完善的信息安全防范和应急管理机制。加强信息安全监测和预警是信息安全防范的首要任务。图书馆应建立完善的信息安全监测系统，对各类信息进行实时监控，包括网络流量、异常访问、病毒传播等。同时，应设置合理的预警指标，对可能引发安全威胁的风险进行提前预警。这样，一旦发现异常情况，便可以迅速采取相应的应对措施，将风险控制在最小范围内。图书馆需要建立完善的信息安全应急预案。应急预案是图书馆在发生信息安全事件时能够迅速响应和处理的重要保障。预案中应明确各种安全事件的应对流程、处置措施和责任人，以便在发生信息安全事件时能够迅速启动预案，减少事件对图书馆的影响。此外，还应定期进行应急演练，检测预案的可行性和有效性。在应对信息安全事件的过程中，图书馆需要与相关部门建立紧密的合作关系。这包括与网络管理部门、安全部门、技术支持部门等相关部门的协调合作，共同应对信息安全事件。通过共享信息、共同调查和处理，可以提升应急响应的效率，降低事件对图书馆的影响。为及时通报事件情况并积极配合相关部门进行调查和处理，图书馆应保持与相关部门的密切沟通，及时通报事件情况，提供必要的资料和信息。同时，要积极配合相关部门的工作，并提供必要的支持和协助。此外，加强信息安全的宣传和教育是信息安全防范的重要组成部分。通过开展信息安全培训、讲座以及发放宣传资料等方式，增强用户的信息安全意识和防范能力，降低用户在使用图书馆资源时因操作不当或疏忽引发的安全风险。同时，图书馆还应加强对用户信息行为的管理和引导，规范用户的信息行为，减少因用户行为引发的安全风险。在受损信息的恢复和重建方面，图书馆需要采取有效的措施确保信息资源的完整性和可用性。在发生信息安全事件后，应及时对受损信息进行恢复，并采取必要的措施防止信息再次受损。同时，应制订信息重建计划，尽可能地恢复受损前的信息状态，确保信息资源的完整性和可用性。

第九章　图书馆管理与创新发展

一、图书馆管理中的创新思维与方法

在图书馆管理中，创新思维与方法的应用对于图书馆的持续发展具有至关重要的作用。传统的图书馆管理方法已经无法满足信息时代的需求，因此需要引入创新的思维和方法来改变现状，提升图书馆的管理效率和服务质量。创新思维是一种超越传统、积极探索新的方法和思路的思考方式。图书馆管理者应该鼓励员工跳出传统框架，勇于尝试新的观点和方法，培养他们的创新意识，以提高图书馆管理的水平。例如，在传统的图书馆服务中，服务内容主要集中在纸质图书的借阅和咨询上。然而，随着电子资源的兴起，图书馆管理者可以鼓励员工思考如何更好地利用电子资源，提供更加全面便捷的服务。这不仅包括电子图书的借阅，还可以探索线上咨询服务、电子资源共享等功能，以满足读者的多样化需求。创新方法是指在解决问题时运用新的方法和技术，使得问题的解决更加高效和便捷。在图书馆管理中，管理者应该关注新技术的发展，并积极将其应用到图书馆管理中。例如，利用人工智能技术可以改善图书馆的服务质量。通过深度学习算法，可以了解读者的阅读习惯和兴趣，从而为读者推荐适合他们兴趣的图书，提高阅读体验。此外，人工智能技术还可以应用于图书的自动分类、借阅流程的自动化等方面，以进一步提升图书馆的管理效率。然而，创新思维与方法的应用并非一帆风顺。在图书馆管理中，可能会面临种种挑战和困难。首先，传统观念的束缚是一个严峻的障碍。长期以来，图书馆管理依赖于传统的管理模式和方法，员工可能对新的思维和方法持保守态度，缺乏积极性。因此，图书馆管理者需要通过培训和教育，增强员工的创新意识，让他们认识到创新的重要性，并鼓励他们积极参与到创新工作中去。其次，技术问题也是图书馆管理创新过程中需要克服的挑战。虽然新技术的应用可以提升图书馆的管理效率和服务质量，但同时也需要投入大量的资金和人力资源。对于一些小型图书馆来说，可能缺乏必要设备和专业人才，导致创新工作的开展受到限制。因此，图书馆管理者需要积极寻求外部合作，与技术公司建立合作关系，共同推动图书馆管理的创新工作。另外，创新思维与方法的应用还需要建立一套完善的评价体系。在图书馆管理中，评价体系对于激励员工积极参与创新工作、提高服务质量具有重要的推动作用。评价体系应该充分考虑创新工作的特点，设立明确的创新目标和创新指标，对员工的创新成果进行客观、公正的评价。同时，评价体系还应该注重激励机制的建立，通过奖励和表彰等方式，激发员工的创新积极性和工作热情。

二、图书馆新技术的应用与创新实践

在当今这个信息化迅猛发展的时代，数字化和网络化深刻地改变着人们的生活方式和思维模式。图书馆作为知识传播和文化传承的重要场所，也面临着技术革新带来的机遇与挑战。为了适应这一趋势，图书馆必须加快新技术的应用步伐，积极探索创新实践，以提高服务质量和管理效率，更好地服务于公众。从数字化技术的应用角度来看，图书馆可以利用现代信息技术，将传统的纸质文献转化为电子资源，实现资源的数字化。这样一来，图书馆的藏书不再受限于物理空间，读者可以随时随地通过网络访问图书馆的电子资源，享受更为丰富和便捷的服务。此外，数字化技术还可以帮助图书馆改善信息检索系统，通过智能化的搜索引擎和推荐系统，读者可以更加迅速、准确地找到所需信息，提升阅读体验。数字化技术在图书馆的管理工作中也发挥着重要作用。通过使用各种管理软件和平台，图书馆可以实现自动化、智能化的业务处理，提高工作效率，降低运营成本。例如，自助借还机、智能书架等设备的应用，使读者可以自主完成借还书等操作，减少了排队等候的时间，同时也减轻了图书馆工作人员的负担。大数据技术在图书馆领域的应用也为图书馆的创新实践提供了新的方向。图书馆每天都会产生大量的数据，包括借阅记录、读者信息、馆藏数据等。通过运用大数据技术，图书馆可以对这些数据进行深入挖掘和分析，发现读者的阅读规律和偏好，从而提供更加精准和个性化的服务。例如，通过对借阅记录的统计和分析，图书馆可以为读者推荐与其兴趣相符的图书，进而提高读者的阅读兴趣和借阅频率。此外，图书馆还可以通过对读者需求的预测，提前采购热门书籍，在确保馆藏资源的充足性和多样性的同时，大数据技术还可以帮助图书馆进行服务质量评估，通过分析读者的反馈和建议，及时调整服务策略，提升读者满意度。除了数字化和大数据技术，人工智能技术的应用也为图书馆的创新实践提供了新的可能。例如，通过引入智能问答系统，图书馆可以为读者提供实时、高效的问题解答服务，以节省读者的时间，提高服务质量。此外，人工智能技术还可以用于图书馆的智能推荐系统，根据读者的阅读历史和兴趣，为其推荐个性化的阅读内容，提升阅读体验。图书馆还可以利用物联网技术来实现智能化管理。通过在图书馆内部署传感器和智能设备，可以实现对图书馆环境的实时监控，如温度、湿度、照明等，为读者创造一个舒适、便捷的阅读环境。同时，物联网技术还可以用于图书馆的安全管理，通过监控设备和报警系统，确保图书馆的安全和秩序。

三、图书馆服务模式的创新与改进

在日新月异的现代社会，人们对于各种服务的需求也在不断发展和变化。作为知识传播的重要场所，图书馆需要跟随社会的发展步伐，进行服务模式的创新和改进。传统的图书馆服务模式已经难以满足现代社会的需求，因此图书馆需要寻求新的服务模式，以更好地服务于社会和公众。图书馆可以引入社区参与的服务模式。社区参与是指图书馆与社区居民进行密切合作，共同参与图书馆的建设和管理。传统的图书馆服务模式往往是图书馆单方面地为读者提供服务，而社区参与的服务模式则将读者变成了参与者，使他们在图书馆的建设和管理中发挥积极作用。这种服务模式有助于图书馆更好地了解社区居民的需求，提供更适合他们的服务。同时社区参与也有助于增强图书馆与社区居民之间的联系，使图书馆成为社区的重要组成部分，提升图书馆的社会影响力。为了实现社区参与，图书馆可以采取一系列措施。例如，图书馆可以定期组织社区居民参与图书馆活动的策划和实施，如讲座、展览、读书会等。此外，图书馆还可以邀请社区居民担任图书馆志愿者，协助图书馆的日常运营和服务。通过这些方式，图书馆可以与社区居民建立良好的互动关系，更好地了解他们的需求，提供更加优质的服务。其次，图书馆可以引入多元化的服务模式。多元化的服务模式是指图书馆提供多样化的服务，以满足不同读者的需求。在传统的图书馆服务模式中，图书馆往往只提供图书借阅服务，而多元化的服务模式则将图书馆的服务范围扩大到了各个方面。例如，图书馆可以提供线上线下相结合的服务，包括线上图书馆、在线咨询、电子书籍等。同时，图书馆还可以提供多样化的文化活动和培训课程，满足读者的知识需求和娱乐需求。为了实现多元化的服务模式，图书馆需要充分利用现代技术手段。例如，图书馆可以通过建立自己的网站和移动应用程序，提供线上图书馆服务，使读者可以随时随地访问图书馆的资源。此外，图书馆还可以利用社交媒体平台，进行宣传和推广，吸引更多读者的关注和参与。此外，图书馆还可以举办各种文化活动和培训课程，以满足读者的知识需求和娱乐需求。例如，图书馆可以定期举办讲座和研讨会，邀请专家学者分享他们的知识和经验。同时，图书馆还可以组织读书会和其他文化活动，鼓励读者之间的交流和分享。通过这些活动，图书馆可以成为读者学习和交流的重要场所，图书馆的社会地位和影响力将得到进一步提升。图书馆还需要注重服务质量和细节。在创新和改进服务模式的过程中，图书馆应该始终将读者放在首位，关注他们的需求和体验。例如，图书馆可以通过提供个性化服务，如推荐书籍、提供专业咨询等，满足不同读者的需求。同时，图书馆还应该提供舒适的借阅环境，如安静的阅读区域、便捷的设施等，让读者在图书馆中享受到更好的体验。

四、图书馆管理的跨界合作与创新

在当今这个信息化、多元化的社会背景下，图书馆作为知识的殿堂、学习的圣地，面临着前所未有的发展机遇和挑战。为了适应这种变化，图书馆管理的跨界合作与创新应运而生，成为推动图书馆事业发展的强大动力。跨界合作与创新，顾名思义，就是图书馆与其他领域的机构或组织进行合作，通过合作创新来提高图书馆的管理效率和服务质量。这种跨界合作与创新，既可以是与高校、科研机构等学术领域的合作，也可以是与文化机构、艺术团体等非学术领域的合作。图书馆可以与高校、科研机构等进行跨界合作。高校和科研机构是学术研究的摇篮，拥有丰富的学术资源和研究成果。而图书馆作为信息服务的重要平台，拥有服务读者的经验和渠道。通过与高校、科研机构的合作，图书馆可以获取更多的学术资源，进而可以为读者提供更丰富的图书馆服务。例如，图书馆可以与高校合作举办学术讲座、研讨会等，邀请专家学者分享最前沿的学术动态和研究成果，为读者提供学术交流和学习的平台。这样既有助于提高图书馆的服务质量，也能够促进学术思想的碰撞和交流。图书馆还可以与高校、科研机构在资源共建、共享方面进行合作。通过共同购买学术资源、共建数据库等方式，实现资源的优化配置和充分利用，为广大读者提供更加丰富、便捷的学术资源。同时，图书馆还可以与高校、科研机构开展联合研究项目，借助各自的优势，共同推进学术研究的发展。图书馆可以与文化机构、艺术团体等进行跨界合作。文化机构和艺术团体拥有丰富的文化资源和娱乐活动，而图书馆则可以提供场地和读者群体。通过与文化机构、艺术团体的合作，图书馆可以丰富自身的文化活动和娱乐项目，吸引更多读者参与。例如，图书馆可以与艺术团体合作举办音乐会、展览等，让读者在学习和欣赏的过程中，感受到艺术的魅力和文化的底蕴。图书馆还可以与文化产业进行合作，开发图书馆文化创意产品，如图书馆主题的笔记本、明信片、书签等。这些文化创意产品不仅可以传播图书馆文化，还可以为图书馆创造经济收入，为图书馆的发展提供资金支持。除此之外，图书馆还可以在服务模式上进行创新。例如，可以借助现代信息技术，开展线上线下一体化的服务模式，让读者在任何时间、任何地点都能够享受到图书馆的服务。此外，图书馆还可以开展个性化服务，根据读者的需求和喜好，为读者提供量身定制的服务。这种服务模式的创新，将极大地提高图书馆的服务质量和效率。在管理模式上，图书馆也可以进行跨界合作与创新。例如，图书馆可以与其他领域的优秀管理者进行合作，共同探讨图书馆管理的新理念、新方法，提高图书馆的管理水平。同时，图书馆还可以通过引入社会力量，如企业、公益组织等，参与图书馆的管理和运营，从而提高图书馆的服务质量和效率。

第十章　科学化图书馆管理的
评估与未来展望

一、科学化图书馆管理评估的方法与指标

（一）科学化图书馆管理评估的概念和方法

科学化图书馆管理评估是指利用科学方法和手段对图书馆的管理活动进行全面、系统、客观的评估和监测，以提供决策支持和改进管理的依据。评估的主要目的是确定图书馆的实际状况和发展方向，帮助图书馆制定明确的目标和优化管理策略。科学化图书馆管理评估的方法可以分为定量评价和定性评价两种。定量评价是通过收集、分析和解释数据来评估图书馆的管理效果。例如，可以进行统计数据分析，运用指标体系评估图书馆的管理水平和效果。通过定量评价，可以客观地评估图书馆的各项管理指标，并比较不同时间段或不同图书馆之间的差异和趋势。定性评价

是通过观察、访谈和问卷调查等方法来评估图书馆的管理过程和用户满意度。例如，可以进行用户满意度调查，通过质量检查等方式来了解用户对图书馆服务的满意度和需求，以及图书馆管理过程中存在的问题和改进的方向。定性评价方法能够更全面地呈现图书馆的运营情况，包括服务态度、效率、便利性等方面的问题。除了定量评价和定性评价方法，科学化图书馆管理评估还包括比较法、问卷调查法、专家评价法等。比较法是通过与其他同类图书馆进行比较来评估自身的管理水平和效果。通过与其他图书馆进行比较，可以发现自身与他人的差距，从而找到改进和提升的方向。问卷调查法是通过向用户、员工和管理者发放问卷来收集他们的意见和建议，以评估图书馆的管理情况。通过问卷调查，可以全面了解用户对服务的满意度和需求，并通过员工和管理者的反馈，了解管理过程中存在的问题和改进的方向。专家评价法是通过请相关专家对图书馆的管理进行评估，以获取专业的意见和建议。通过专家评价，可以获得权威和专业的意见，为图书馆的改进提供指导和支持。科学化图书馆管理评估的过程需要明确评估的目标，确定评估的内容和方法，收集和分析相关数据，进行评估结果的解释与判断，并根据评估结果提出改进和优化的建议。评估的过程需要充分调动图书馆的各类资源，包括人员、设备、资料等，确保评估的全面性和准确性。评估的结果应当反映图书馆的实际情况，并能为图书馆的决策提供科学依据，从而实现图书馆管理水平的提升和发展目标的达成。

（二）科学化图书馆管理评估的指标体系

科学化图书馆管理评估的指标体系是评估图书馆管理水平和效果的重要工具。它是基于科学、操作性和可比性的原则来选择和设计的，能够准确地反映出图书馆的核心价值和管理要求。为了全面评估图书馆管理情况，指标体系应该包括多个指标，每个指标可以用来衡量一个方面或多个方面的管理情况。第一个重要的指标是藏书量与更新率指标。这个指标反映了图书馆馆藏的丰富程度以及图书馆是否及时增加新书。通过统计图书馆的藏书量，并计算出其更新率，可以评估图书馆在资源丰富和更新方面的表现。一个高水平的图书馆应当拥有丰富的藏书，而且要及时更新，以满足读者的需求。第二个指标是读者数量与借阅率指标。这个指标用于衡量图书馆的受众范围和读者对图书馆服务的需求程度。通过统计图书馆的注册读者数量，并计算借阅率，可以了解图书馆是否具有吸引力和有效地满足读者需求的能力。一个好的图书馆应该拥有大量的读者，并且他们应该积极地利用图书馆的资源。第三个指标是图书馆使用率指标。这个指标用于衡量图书馆的设施和服务是否得到有效利用。通过统计图书馆的访问量、座位利用率以及电子资源使用情况等，可以评估图书馆的使用情况。一个高使用率的图书馆代表着它的服务得到了广大读者的认可与支持，同时也说明图书馆的设施和服务是被有效利用的。第四个指标是服务质量指标。这个指标用于评估图书馆提供的服务质量和读者满意度。通过调查读者的意见和反馈，以及评估图书馆服务的及时性、准确性、友好性等方面，可以全面评估图书馆的服务质量。服务质量是图书馆的核心价值之一，一个优秀的图书馆应该提供高质量的服务，以满足读者的需求。最后一个重要的指标是信息技术应用指标。随着信息技术的不断发展，图书馆的管理也面临着新的挑战和机遇。通过评估图书馆信息技术的应用情况，可以了解图书馆的数字化服务水平和信息化管理能力。一个先进的图书馆应该能够充分利用信息技术来提升自己的管理水平和服务效能。

（三）科学化图书馆管理评估的数据分析与应用

在信息化、数字化的大背景下，图书馆管理也逐步走向科学化、规范化的道路。而科学化图书馆管理评估的数据分析，正是这一转变过程中的重要一环。数据分析是对收集到的数据进行处理和分析，以获取有关图书馆管理的信息和结论。这不仅包括对各类统计数据的解读，也包括运用先进的算法对结构化和非结构化的数据进行分析。统计分析方法、决策树分析方法、回归分析方法等，都是常用的数据分析方法，可以根据评估目标的需求，选择适合的方法进行分析。统计分析方法能够通过大量的数据统计，客观地反映图书馆管理的现状和问题。例如，通过统计图书借阅数据，可以分析读者的阅读习惯和兴趣，进而优化图书馆的馆藏结构。又如，通过对读者反馈数据的分析，可以了解服务中存在的问题，进而提升服务质量。决策树分析方法则更侧重于对未来趋势的预测和决策建议。通过建立决策树模型，可以根据历史数据预测未来图书馆管理的发展趋势，为决策者提供科学依据。回归分析方法则主要用于找出变量之间的因果关系，预测因变量对自变量的响应。比如，可以通过回归分析方法研究图书馆的藏书结构、服务质量、读者满意度等变量之间的关系，进而优化图书馆的管理策略。除了数据分析，评估结果的应用也是科学化图书馆管理评估的重要一环。评估结果反映了图书馆的管理状况和问题，是制定决策和优化管理策略的重要参考。通过对评估结果的深入分析和应用，可以找到管理中的瓶颈和短板，进而采取有针对性的措施进行改进。同时，评估结果也可以用来向上级机构和用户展示图书馆的工作成果和发展方向，进而提高图书馆的社会影响力和用户满意度。对于上级机构来说，可以通过评估结果了解图书馆的工作情况和资源利用情况，为制定政策提供参考。对于用户来说，可以通过评估结果了解图书馆的服务水平和资源质量，从而提高对图书馆的满意度。

二、图书馆管理评估的实践与应用

（一）图书馆管理评估的过程与流程

图书馆管理评估是一项系统性的工作，它涉及图书馆的各个方面，包括管理、服务、资源等。评估的过程可以分为五个步骤：确定评估目的、制定评估指标、数据收集与分析、评估报告编制和改进措施的实施。评估目的的明确化对于整个评估过程的顺利进行具有指导性的作用。评估目的可以是为了了解图书馆的现状和问题，以便找到改进的方向和突破口；也可以是为了为图书馆的改进提供参考，通过评估来发现图书馆的不足之处，从而制定出相应的改进策略；还可以是为了对外展示图书馆的工作成果，提升图书馆的知名度和影响力。不同的评估目的将会影响到评估指标的制定、数据的收集与分析以及改进措施的制定等后续工作。因此，在开始评估之前，必须明确评估的目的，确保评估的方向和图书馆的发展目标相一致。制定评估指标是图书馆管理评估的核心。评估指标是对图书馆各个方面进行评价的标准和依据。评估指标应该与图书馆的目标和任务相一致，确保评估工作能够全面、准确地反映图书馆的工作情况。同时，评估指标的制定还需要根据图书馆的具体情况进行调整和适应，以确保评估的针对性和实用性。在制定评估指标时，可以参考国内外图书馆评估的相关标准和经验，并结合图书馆的实际情况进行适当的调整和创新。然后是进行数据收集与分析。数据是评估的基础，只有充分和准确的数据，才能保证评估的客观性和科学性。图书馆管理评估可以通过问卷调查、访谈、观察和统计分析等方法进行数据收集。问卷调查可以通过对读者和工作人员的调查来了解他们对图书馆服务的满意度和服务质量的期望；访谈可以深入了解图书馆工作人员的工作情况和读者对图书馆的意见和建议；观察可以直接了解图书馆的工作环境和读者使用图书馆的情况；统计分析可以对图书馆的资源、服务、读者使用情况等数据进行定量的分析。收集到的数据经过分析和处理后，可以得出对图书馆管理的评价和改进建议。接下来要根据数据分析的结果编制评估报告。评估报告是评估过程的总结和产出，它应该包括对图书馆现状的总结和分析、问题和不足之处的指出以及改进的建议等内容。评估报告的编制需要根据评估目的和评估指标来进行，确保报告的内容能够全面、准确地反映评估的结果。评估报告的编制可以采用文字、图表、图片等多种形式，以便阅读和理解。最后，实施改进措施是图书馆管理评估的最终目的。评估的目的是找到图书馆的问题和不足，并通过改进措施来提升图书馆的服务质量和管理工作。通过评估报告提出的改进措施，图书馆可以有针对性地改进管理和提升服务质量。改进措施的实施需要制订详细的实施计划和时间表，明确责任人和实施的具体步骤。同时，还需要对改进措施的实施情况进行跟踪和监督，确保改进措施能够得到有效的执行和落实。

（二）图书馆管理评估的案例与经验分享

在图书馆管理评估的案例与经验分享方面，可以为其他图书馆提供宝贵的参考和借鉴。美国国家图书馆协会（ALA）进行了一系列的管理评估和服务评估，并制定了相应的评估报告和改进计划。这些报告和计划为其他图书馆提供了一个学习的机会，可以借鉴其中的成功经验和做法。除此之外，许多大学图书馆也积极参与管理评估工作。例如，加州大学伯克利分校图书馆对其服务进行了评估，并提出了改进学术支持、数字资源管理和信息素养培养等方面的措施。这些经验和做法对于其他大学图书馆的发展也具有积极的影响。国内的一些图书馆也高度重视管理评估的实践。北京图书馆在建设全国图书馆绩效评估指标体系的过程中，对图书馆的整体建设、藏书建设、服务质量、技术支持等方面进行了评估，并提出了相应的改进建议。这些评估结果为图书馆的发展与提升提供了宝贵的参考和指导。图书馆管理评估的案例与经验分享不仅可以帮助其他图书馆完善自身的管理体系和服务质量，也能够提升整个图书馆行业的发展水平。通过学习其他图书馆的成功经验和有效的管理方法，可以帮助图书馆更好地定位自身在行业中的角色，并根据实际情况进行策略调整和管理优化。在进行图书馆管理评估时，需要注重以下几个方面。首先，评估的目标和范围需要明确，要充分考虑到图书馆的实际情况和需求。其次，评估的方法和指标需要科学合理，要符合图书馆的战略定位和发展方向。同时，评估结果也需要及时反馈给图书馆管理层和相关人员，以便进行改进和调整。最后，评估工作需要加强与实际情况的结合，注重实践和创新，以确保评估的效果和价值。

（三）图书馆管理评估的结果与改进措施

　　图书馆管理评估的结果是对图书馆运行情况的全面评价，旨在发现问题、解决问题，进而优化图书馆服务。评估结果可以帮助图书馆全面了解自身的优势和不足之处，从而制定相应的改进措施。首先，评估结果涵盖了对图书馆服务质量的评价。通过用户调查、访谈和数据分析等方式，评估人员可以了解用户对于图书馆服务的满意度、服务态度、服务效率等方面的评价。评估结果可以揭示出服务中存在的问题和不足之处，为图书馆改进提供方向。评估结果还包括对图书馆资源利用率和用户满意度的分析。图书馆拥有丰富的图书、期刊、数据库等资源，评估人员可以通过统计分析等手段，评估资源的利用率和用户对资源的满意度。评估结果可以指导图书馆优化资源使用方式，提高资源利用率，提供更好的服务。此外，评估结果还涉及对图书馆工作效率和人员配备的评估。通过对工作流程、工作人员能力以及人员配备情况的评估，评估人员可以了解图书馆工作效率的高低，人员配备是否合理。评估结果可以为图书馆提供改进建议，优化工作流程，提升工作效率，确保人员配备与工作需求相适应。根据评估结果，图书馆可以提出相应的改进措施。例如，如果评估结果显示图书馆的藏书建设存在问题，图书馆可以加强对图书的搜集、采购和整理，提高图书的质量和数量。如果评估结果显示图书馆的信息技术支持不足，图书馆可以改进信息系统的建设和维护，提升图书馆的数字化服务能力。若评估结果发现图书馆的服务质量较低，图书馆可以加强人员的培训和学术支持，提高服务质量。图书馆管理评估的结果还可以作为图书馆与上级部门沟通的依据，促进图书馆的发展和资源投入。评估结果可以提供给上级部门，展示图书馆的工作情况和存在的实际问题，以争取更多的资源和支持。通过与上级部门的沟通和合作，图书馆可以获得更多的资金投入，进一步改进服务水平，提升用户满意度。

三、科学化图书馆管理的发展趋势与挑战

（一）科学化图书馆管理在数字时代的发展趋势

科学化图书馆管理在数字时代的发展趋势，不仅仅是数字技术的应用，更是涉及数字资源的增加、服务方式的创新、管理理念的更新，以及图书馆间合作与共享的加强等多个方面。随着数字技术的迅速发展，图书馆的数字馆藏规模不断扩大。电子书籍、在线期刊、数据库等数字资源已经成为图书馆不可或缺的重要组成部分。这些数字资源的数字化处理和存储，使得读者可以通过电脑、手机等终端设备随时随地获取信息。同时，数字资源的比重也逐渐加大，使得传统纸质图书的收藏和利用量相对减少。图书馆为了适应这些变化，需要不断增加数字资源的处理能力，提高数字资源的获取和利用效率。图书馆的服务方式也在逐步创新。远程访问、移动图书馆、个性化推荐等服务的推出，使得读者不再受制于时间和空间的限制，能够更加方便地获取所需的信息和知识。通过远程访问，读者可以在家中、办公室或者任何其他地方，通过网络获取图书馆的资源。

移动图书馆则针对移动设备用户提供了更加灵活的服务方式，通过 APP，读者可以在手机、平板、电子阅读器等设备上随时随地查找和阅读图书馆的资源。而个性化推荐服务则通过分析读者的阅读偏好和历史借阅记录，向读者推荐适合其兴趣的书籍和文献，提供更加个性化的阅读体验。图书馆的管理理念也在不断更新。传统的图书馆管理以书为本，主要关注图书的采购、编目、馆藏等环节。而在数字时代，图书馆的管理理念已经转向以人为本。图书馆开始关注读者的需求、满意度和体验，通过倾听读者的声音，提供更加贴合读者需求的服务。图书馆积极开展读者调研，通过用户满意度调查、焦点小组讨论等方式了解读者对图书馆服务的评价和建议，以便及时调整服务策略和改进服务质量。同时，图书馆还致力于提升读者的信息素养和阅读能力，通过培训、指导和推广等途径，让读者能够更好地使用图书馆的资源和服务。此外，图书馆之间的合作与共享也越来越密切。为了拓展资源和服务的范围，图书馆开始建立联合图书馆、虚拟图书馆等新型的合作机制。联合图书馆是指多个图书馆通过合作共建、资源共享的方式，向读者提供更广泛的资源和服务。例如，多个高校图书馆可以建立联合图书馆，达到资源互通共享的目的，使得读者可以跨校查阅和借阅图书馆的资源。虚拟图书馆则是指通过数字化技术，将多个图书馆的资源整合在一起，形成一个虚拟的图书馆，读者可以通过一个入口获取多个图书馆的资源。通过图书馆间的合作与共享，读者可以享受到更多更好的资源和服务，图书馆的资源利用率和效益也得到了提升。

（二）科学化图书馆管理面临的挑战与问题

尽管科学化图书馆管理在数字时代取得了显著的进步，但仍面临着一些挑战和问题。首先，数字资源的质量参差不齐，版权问题也较为突出，如何筛选和采购数字资源，保护知识产权，是图书馆管理需要解决的问题。其次，图书馆的技术设备和人才队伍也面临挑战，需要不断更新技术设备，提高人才队伍的专业素质和服务能力。再次，图书馆的经费问题也是一大挑战，随着数字资源的采购成本不断提高，如何合理分配和使用经费，提高资源利用率，是图书馆管理需要考虑的问题。

（三）科学化图书馆管理的未来发展方向

科学化图书馆管理的未来发展方向，涵盖了数字化、人工智能、读者体验、合作共享和社会化服务等多个重要方面。在未来的日子里，图书馆将不断深化数字化转型，致力于数字资源的建设和整合，旨在提高数字资源的质量和利用率，为广大读者提供更加便捷、高效的服务。首先，数字化转型是图书馆未来发展的核心。图书馆将加大对数字资源建设的投入，不仅局限于电子书籍、在线期刊等传统数字资源，还将拓展至虚拟现实、增强现实等新兴数字资源。同时，图书馆将加强数字资源的整合，通过构建统一的数字资源平台，实现资源的有效整合和共享，方便读者一站式获取所需信息。在此基础上，图书馆还将提高数字资源的质量，通过引入优质数字资源，提升读者阅读体验，满足读者多样化的需求。其次，图书馆将加强人工智能、大数据等新技术的应用，以实现图书馆的智能化管理和服务。通过引入人工智能技术，图书馆可实现自动化借还书、智能推荐、语音助手等功能，为读者提供更加便捷、个性化的服务。同时，大数据技术的应用将有助于图书馆对读者行为、资源使用情况进行深入分析，为图书馆的决策提供有力支持。此外，图书馆还可借助新技术开展智能化的学术交流和研究服务，促进学术成果的传播和利用。图书馆也将更加注重读者体验，优化服务流程和服务内容，提高读者的满意度和忠诚度。在未来，图书馆将不断创新服务方式，如引入线上预约、线下自取等便捷服务，以满足读者随时随地获取资源的需求。此外，图书馆还将丰富服务内容，开展各类线上线下活动，如讲座、培训、展览等，提升读者的阅读兴趣和参与度。同时，图书馆将注重个性化服务，根据读者需求提供量身定制的服务，让读者在图书馆的每一次体验中都能感受到温馨和关怀。此外，图书馆将继续推进合作与共享，加强图书馆之间的交流与合作，实现资源的共建共享。图书馆将积极参与国内外图书馆联盟，通过共享资源、共同采购等方式，降低采购成本，提高资源利用效率。同时，图书馆还将开展联合举办活动、互换展览等合作项目，拓宽读者的视野，促进文化交流。在此基础上，图书馆还将加强区域性合作，实现区域内图书馆资源的整合和共享，方便读者跨区域查阅资料。最后，图书馆将加强社会化服务，拓展图书馆的社会功能，为更多的人提供优质的服务。图书馆将积极参与社会公益活动，如举办公益讲座、培训等，以传播知识，提升公众的文化素养。同时，图书馆还将关注特殊群体需求，如为老年人、残疾人等提供便捷、贴心的服务，确保每个人都能享受到图书馆带来的福利。此外，图书馆还将加强与学校、企业等机构的交流合作，为企业提供信息查询、员工培训等服务，为社会发展贡献力量。

四、未来科学化图书馆管理的展望与建议

（一）未来科学化图书馆管理的发展愿景

在未来的发展中，科学化图书馆管理将致力于打造一个高效、智能、可持续发展的图书馆管理体系。这一愿景的实现，将依赖于图书馆工作人员的不断探索、创新和改进，以适应信息时代的发展需求，满足读者不断提高的服务需求。第一，高效是未来图书馆管理的重要目标。为了提高服务效率，图书馆应积极引入先进的信息技术，如人工智能、大数据分析等，对图书馆资源进行合理配置和优化管理。通过建立智能化管理系统，实现自动化、智能化的图书检索、借阅和归还流程，这不仅可以节省大量人工操作的时间，还能提高服务质量，提升读者的满意度。第二，智能是未来图书馆管理的关键特征。智能化的图书馆管理系统能够根据读者的借阅习惯和需求，推荐相关图书，提供个性化的阅读服务。同时，智能化的

图书馆管理系统还能实时监测图书馆的运行状态，及时发现并处理问题，确保图书馆的稳定运行。第三，可持续发展是未来图书馆管理的核心理念。在实现高效和智能的同时，我们还要注重资源的可持续利用和环境的保护。例如，我们可以采用节能环保的照明系统、环保材料的书架和桌椅等，降低图书馆的运营成本，同时也有助于树立良好的社会形象。

（二）未来科学化图书馆管理的重点任务

未来科学化图书馆管理的重点任务主要包括几个方面。一是利用大数据技术进行数据分析和信息管理。未来的图书馆管理应该充分利用大数据技术，对图书馆的馆藏、借阅情况等数据进行深入分析。通过对这些数据进行科学分析，可以为图书馆决策提供准确的科学依据。同时，图书馆可以通过信息管理系统，对读者的借阅记录、阅读偏好等信息进行全面管理，为读者提供更加个性化的服务。通过大数据技术的应用，图书馆可以更好地了解读者需求，提供更准确、高效的图书馆服务。二是推广数字化资料与服务。随着电子书和数字阅读的普及，未来的图书馆应该积极推广数字化图书馆馆藏资源和电子阅读设备的使用。图书馆可以提供在线阅读和数字资源推荐等服务，满足读者不同的阅读需求。通过数字化资料和服务的推广，图书馆可以更好地适应读者的多样化需求，提供更加便利、丰富的图书馆服务。三是加强跨机构合作与资源共享。未来的科学化图书馆管理应该与其他图书馆、教育机构、科研机构等展开合作，共享馆藏资源和信息服务，提高资源利用效率。通过与其他机构的合作，图书馆可以扩大馆藏资源的范围，满足读者更多样化的需求。同时，跨机构合作还可以实现信息共享，为读者提供更丰富、更全面的图书馆服务。四是开展科学化的人才培养和管理。未来科学化图书馆管理需要培养具备信息技术和管理知识的专业人才。图书馆人才应该具备熟练运用信息技术的能力，并能够结合图书馆管理的实际情况，进行科学化的管理。图书馆也需要加强对人员的培训和管理，提高工作效率和服务质量。五是建设智慧图书馆。未来的图书馆应该利用现代技术手段，构建智慧图书馆，实现图书馆的自动化、智能化管理。例如，通过智能化的图书馆管理系统，读者可以方便地进行借还图书、查询图书信息等操作，提高图书馆的服务效率。同时，智慧图书馆还可以利用人工智能技术，为读者提供更加个性化和智能化的服务。未来的图书馆应该充分利用现代技术手段，不断推进图书馆的智能化建设，提供更加便捷、高效的图书馆服务。

（三）未来科学化图书馆管理的建议与倡议

一是加强信息技术的应用与创新。信息技术的飞速发展已经改变了人们的生活方式和获取信息的方式，图书馆作为信息传播的重要平台，必须紧跟时代步伐，充分利用信息技术提高管理效率和服务质量。图书馆管理者应密切关注信息技术的发展动态，积极引入如人工智能、大数据、云计算等前沿技术，通过技术创新来驱动图书馆管理的转型升级。比如，可以利用人工智能技术实现智能问答、图书推荐等功能，利用大数据技术进行阅读趋势分析，为读者提供更加精准的服务。还应探索基于互联网的图书馆新型服务模式，如线上借阅、远程访问等，使图书馆的服务更加便捷、高效。二是加强读者需求调研和服务改进。图书馆的服务最终要落实到读者的需求上，因此，图书馆管理者应时刻关注读者的阅读习惯、需求和反馈信息，以读者为中心，积极改进服务和管理。定期组织读者调研活动，通过问卷调查、座谈会等形式，了解读者的实际需求和意见建议，以此调整图书馆的服务策略。同时，还应加强对读者需求的预测和研究，提前布局图书馆的服务和发展方向。此外，还可以通过引入用户体验设计理念，优化图书馆的物理环境和数字环境，提升读者的阅读体验。三是积极推进图书馆数字化建设。数字化是图书馆发展的必然，未来科学化图书馆管理应加快数字化建设的进程，将图书馆的馆藏资源数字化，提供在线阅读和电子资源服务。这样不仅可以扩大图书馆的馆藏规模，提高资源利用效率，还能满足读者日益增长的数字化阅读需求。图书馆管理者应加强对数字资源的管理和维护，保证数字资源的可访问性和可持续发展。同时，还应积极探索新的数字化服务模式，如虚拟现实阅读、在线知识共享等，丰富图书馆的服务内容和形式。四是开展终身学习和读者培训。在知识更新日益加速的今天，终身学习已经成为人们适应社会发展的必要条件。图书馆作为知识传播的重要场所，应承担起培养读者信息素养和阅读能力的重要任务。图书馆管理者应定期组织培训活动，帮助读者掌握信息检索和利用技巧，提高读者的阅读能力和科研能力。此外，还可以与学校、企事业单位等合作，共同开展培训和教育活动，将图书馆打造成一个开放的、多元化的终身学习场所。五是加强社区合作与服务。图书馆不仅是一个信息中心，更是一个社区文化中心。未来科学化图书馆管理应与社区、学校、企事业单位等展开合作，提供信息资源和服务。例如，与学校合作开展资源共享计划，为学生提供更多的学习资源和机会；与企事业单位合作开展培训活动，提高员工的信息素养和职业能力；与社区合作开展文化活动，丰富社区居民的精神文化生活。通过这些合作，不仅可以提高图书馆的服务能力和影响力，还能促进图书馆与社会的互动和融合。

结　语

　　本书从科学化图书馆管理的角度，探讨了图书馆管理的理论基础、资源建设与利用、读者服务与访问管理、阅读推广、社区合作、信息素养教育、文化传承、信息安全、创新发展以及评估与未来展望等方面的内容。通过每个章节的深入研究，我们对科学化图书馆管理有了更加全面和深入的理解。

　　科学化图书馆管理不仅是一种管理理念，更是一种发展趋势。它以用户需求为导向，以提高图书馆服务质量为目标，运用科学的管理方法和手段，实现图书馆资源的优化配置和高效利用。在实践中，科学化图书馆管理体现在图书馆的各个方面，如资源建设、读者服务、阅读推广、社区合作等。同时，科学化图书馆管理也面临着诸多挑战，如信息安全、创新发展等。

　　在未来，科学化图书馆管理将继续深化和发展。一方面，图书馆需要不断创新管理理念和方法，适应信息化、网络化、智能化的发展趋势；另一方面，图书馆也需要加强与其他领域的合作，拓宽服务领域，提高服务质量。此外，图书馆还应注重培养和提升图书馆员的信息素养，以满足图书馆管理和发展需求。

　　总的来说，科学化图书馆管理是一个动态发展的过程，需要我们不断探索和创新。通过深入研究和实践，我们相信科学化图书馆管理必将为图书馆事业的发展注入新的活力，为广大用户提供更加优质的服务，为社会的进步和文化传承做出更大的贡献。

参考文献

［1］彭佳.全民阅读推广背景下公共图书馆阅读推广服务的创新研究［J］.参花，2024（04）：128-130.

［2］范新美.全民阅读高质量发展下图书馆领读人服务价值、现状、困境与对策［J/OL］.农业图书情报学报，1-11［2024-02-18］.

［3］冯玲，李东来.图书馆在全民阅读推广服务体系中的新认知与新担当［J］.中国图书馆学报，2024，50（01）：4-12.

［4］史笑非.新时期公共图书馆数字化建设与推广策略探讨［J］.采写编，2024（01）：161-163.

［5］赵亚波.图书馆阅读推广的重要性和实施策略探究［J］.采写编，2024（01）：167-169.

［6］李若鹏.图书馆读行阅读推广服务的实践和发展路径［J］.四川图书馆学报，2024（01）：72-77.

［7］陈艳.我国图书馆阅读推广管理理论的流派与分析［J］.图书馆学刊，2023，45（12）：107-112.

［8］冉莉.元宇宙时代图书馆数字阅读推广与服务转型探究［J］.郑州铁路职业技术学院学报，2023，35（04）：104-108.

［9］张明涛.新媒体时代公共图书馆阅读推广对策探讨［J］.采写编，2023（12）：161-163.

［10］虞乐.新媒体环境下公共图书馆古籍阅读推广研究［J］.图书馆工作与研究，2023（12）：100-107.

［11］奚惠娟.城市图书馆数字阅读体系化服务推广的理念与实践——以东莞图书馆为例［J］.图书馆界，2023（06）：48-52+67.

［12］万晶晶.公共图书馆全民阅读推广模式探究［J］.参花（下），2023（12）：98-100.

［13］付洁.公共图书馆新媒体阅读推广的现状与对策研究［J］.文化创新比较研究，2023，7（35）：110-113.

［14］韩艳艳.公共图书馆短视频阅读推广的创新路径研究［J］.参花（上），2023（12）：101-103.

［15］赵佳艺.AI技术辅助下公共图书馆阅读推广创新路径研究［J］.参花（上），2023（12）：122-124.

［16］赵静.网络时代图书馆对传统文化的阅读推广研究［J］.才智，

2023（34）：185-188.

[17]张晶晶.图书馆全民阅读推广工作创新思考解析[J].中国报业，2023（22）：184-185.

[18]孙佩珍.数字化时代公共图书馆阅读推广模式探究[J].文化月刊，2023（11）：120-122.

[19]吴若航，茆意宏.生成式人工智能驱动图书馆阅读服务变革[J].图书情报工作，2023，67（22）：80-87.

[20]蔡瑜婉.智慧图书馆阅读推广策略探究[J].科技资讯，2023，21（22）：219-222.

[21]陈万超.元宇宙视域下图书馆数字阅读推广服务场景研究[J].河南图书馆学刊，2023，43（11）：6-9.

[22]杨秀.公共图书馆线下阅读推广数据采集框架研究[J].河南图书馆学刊，2023，43（11）：38-41.

[23]李雯.公共图书馆阅读推广社交媒介运用策略研究[J].河南图书馆学刊，2023，43（11）：55-58.

[24]孙琳.激发图书馆传统文化阅读推广新活力[J].文化产业，2023（31）：58-60.

[25]周颖乐.数字化战略下图书馆阅读推广创新研究[J].传媒论坛，2023，6（21）：115-117.